안뇽!

# 고양이와 집사를 위한
# 핸드메이드 소품

2011년 8월 25일 1판 1쇄 발행

지은이 김민
사진 · 삽화 김민

펴낸이 김현표
주간 최진선
기획 · 편집 원희진
디자인 신정민

펴낸곳 니케
주소 서울시 마포구 서교동 464-41 미진빌딩
전화 02-336-6084
팩스 02-338-5391
홈페이지 www.mijinsa.com
이메일 mijinsa@mijinsa.com

등록번호 제313-2006-000209호

ISBN 978-89-958933-9-5
값 17,000원

# 고양이와 집사를 위한
# 핸드메이드 소품

김민 지음

니케

# 프롤로그

『고양이와 집사를 위한 핸드메이드 소품』은 가족의 이름으로 살아가고 있는 반려묘를 위해, 그리고 나를 위해 만든 소품들이 얼마나 큰 뿌듯함과 즐거움을 느끼게 하는지 많은 이들과 함께 공감하기 위해 만든 책입니다. 그리고 무언가 만들어내는 것에 어려움을 느끼는 이들에게 먼저 핸드메이드를 시작한 사람으로서 좀 더 쉬운 길을 알려주고자 하는 마음을 담았습니다.

고양이와 함께 사는 사람이라면 터무니없이 비싼 고양이 용품의 가격과 너무나 좁은 선택의 폭에 실망했던 적이 한두 번이 아닐 거라 생각합니다. 대부분의 기성품은 사용된 재질과 디자인에 비해 너무 높은 가격으로 판매되고 있고, 간혹 맘에 드는 디자인은 반려묘의 사이즈에 맞지 않아 아쉬우며, 큰 맘 먹고 장만해준 고양이 하우스를 반려묘가 거들떠보지도 않는 등 저 역시 고양이 소품을 만들게 된 배경은 여러분과 비슷할 듯싶습니다. 하루에게 하우스를 선물하고 싶었으나 6.3kg인 녀석에게 맞는 사이즈와 제 취향을 동시에 충족시켜주는 하우스는 찾을 수가 없었고, '그래? 그럼 만들어보지, 뭐.' 라는 생각이 그 시작이었습니다.

핸드메이드 소품 만들기의 장점은 여러 가지가 있습니다. 상대적으로 적은 비용이 든다는 것. 고양이와 집사가 모두 만족할 만한 맞춤형 소품이 가능하다는 것. 서툴지만 한 단계 한 단계 만들어나가는 과정에서 얻는 재미와 보람이 있다는 것. 그리고 무엇보다도 가장 좋은 것은 내 손으로 직접 만든 소품을 잘 사용해주는 녀석들을 볼 때 느껴지는 뭉클한 기쁨입니다. 아마도 반려묘들을 위해 시작한 것이 부메랑처럼 나의 즐거움으로 되돌아오는 경험을 하게 될 것입니다.

핸드메이드는 어렵거나 거창한 '어떤 것'이 아닙니다. 추운 겨울 길고양이의 겨우살이를 위해 종이 상자나 스티로폼으로 집을 만들어주는 사람의 손은 제 눈에는 눈물 나게 아름다운 핸드메이더의 손으로 보입니다. 마음과 정성이 들어간 그것을 누가 핸드메이드가 아니라고 할 수 있을까요. 핸드메이드란 그런 마음의 시작입니다. 이 책에서 소개하는 바느질 소품과 나무로 만든 고양이 가구들 역시 특별한 기교 없이도 반려묘에 대한 끓어 넘치는 애정과 약간의 인내심만 있다면 누구나 만들 수 있는 것들입니다.

사실 반려묘의 집사라면 한번쯤은 그들을 위해 무언가를 만들어주려 노력한 적이 있을 법도 합니다. 그러나 집사의 노력에도 불구하고 외면당한 채 집안 한 구석에 자리를 차지하고 있는 소품의 씁쓸한 기억도 있으리라 생각됩니다. 고양이를 위한 소품을 만들기 전에 그들의 행동을 잘 관찰하면 좋아하는 것이 무엇인지, 어떤 것에 시큰둥한 반응을 보이는지 알 수 있습니다. 시작하기 전에 호기심 많은 고양이의 관심을 끌 수 있을지, 어떤 질감으로 만들어야 즐겨 사용할지, 완성 후 어느 장소에 배치해야 좋아할지, 소품을 사용할 때 안전할지 등등 고려해야 할 점을 모두 메모해두고 소품을 만들 때 적용시키면 외면당할 확률은 줄어듭니다.

만드는 과정에서도 주의를 기울여야 하는데, 우선 바느질을 할 때에는 주변을 깔끔하게 정리하고 바늘이나 가위 등의 날카로운 물건은 바느질함이나 수납함에 보관하여 고양이들이 위험한 환경에 노출되지 않도록 항상 신경 써야 합니다. 1년 전 어느 날 아무렇게나 내버려둔 실밥을 집어삼킨 하루를 보고 화들짝 놀란 적이 있습니다. 이틀 동안 비닐장갑을 끼고 맛동산을 헤집어서 실밥 뭉치를 찾아내고서야 안도했지

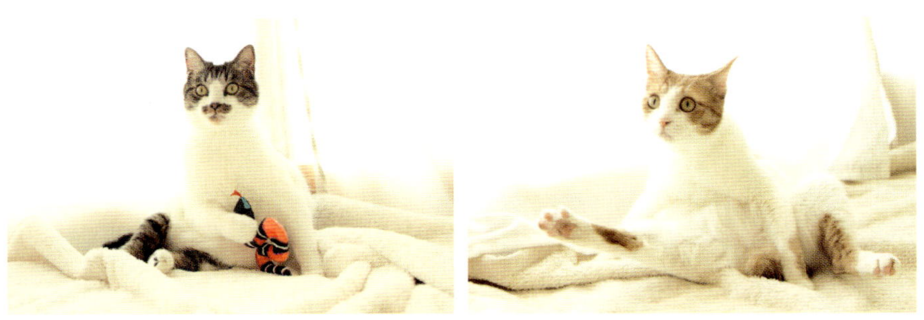

만 부주의한 제 행동이 원망스러웠습니다. 또 어느 날은 핀쿠션에서 시침핀을 입으로 뽑아 문 이틀이를 보고 기겁한 적도 있습니다. 고양이는 호기심이 많아서 섬유나 실 등을 보면 입으로 씹어보거나 물고 뒹구는 일이 많은데, 혀의 돌기 방향이 입 안으로 향해 있어 이물질이 들어가면 목구멍으로 삼킬 수밖에 없습니다. 따라서 바느질할 때는 반드시 휴지통을 옆에 두고 자투리 천과 실밥 등이 나오면 바로바로 버리도록 하고, 혹시나 고양이가 실을 삼켜 항문으로 실이 조금 나와 있는 경우에는 절대 잡아당겨 빼지 말고 변으로 배출되게 하거나 바로 병원에 가는 것이 좋습니다.

목공 작업은 되도록 실외에서 하고 공간이 여의치 않을 때에는 고양이들이 함부로 접근하지 못하도록 공간을 분리해야 합니다. 작업 시 심한 소음이나 충격으로 위험을 느끼면 고양이가 평소 좋아하던 공간도 무서워하며 꺼리는 장소가 될 수 있으며 스트레스를 받게 됩니다. 요즘은 캣타워나 캣워커를 만들어주는 집사들이 많은데, 오히려 손수 만든 캣타워로 인해 고양이들이 다치는 일도 종종 발생합니다. 만들기 전에 내가 디자인한 캣타워가 안전한지, 고양이의 신체 조건에 맞는지, 동선 유도가 자연스러운지, 착지 면적이 충분한지 신중하게 고려해야 합니다. 화려하지만 동선이 불편한 캣타워는 외면 받을 수 있습니다. 캣워커는 고양이의 체중이 모두 실리게 되므로 벽에 단단하게 고정해야 합니다. 꺾쇠나 벽걸이 훅으로만 고정하면 고양이들이 뛰어오르고 내리면서 나사못 구멍이 헐거워져 낙상의 위험이 있습니다. 반드시 선반을 지지할 수 있는 보조목을 달아주고 폭은 고양이의 가슴 넓이보다 5cm 정도의 여유를 두고 제작하드록 합니다.

완성된 소품은 반려묘가 좋아하는 장소에 배치하고 개다래나무나 캣닢 등을 뿌려주어 좋은 인상을 심어 주는 것이 좋습니다. 어느 샌가 능청스레 사용하고 있는 고양이들을 보면 감격에 겨워 '다음엔 또 뭘 만들어주지!' 라는 생각을 하게 될지도 모릅니다.

사랑하는 고양이를 위해 무언가를 해주고 싶은 분들께 도움이 되고자 부족한 솜씨로 고심하며 만들었습니다. 이 책이 부디 고양이 집사님들에게 독특한 아이디어를 샘솟게 하고 설레게 하는 자극제가 되었으면 하는 바람입니다. 책이 만들어지기까지 곁에서 든든하게 조력해준 저의 반려인과 아낌없이 응원해준 가족들, 지인들에게 고마운 마음을 전합니다. 그리고 '반지'와 '타래' 두 반려묘와 살고 있어 정서적으로 교감을 나눌 수 있었던 편집자 희진님을 비롯해 예쁜 책 디자인하느라 수고해주신 정민님과 미진사 관계자 분들께도 깊은 감사를 드립니다.

'어떤 고양이'든 '내'가 세상에 태어난 이유와 다르지 않다 생각합니다.
그들에게 가장 좋은 선물은 평생 동안 가족이 되어줄 것을 약속하는 일입니다.
소중한 그들과 항상 행복하시길 바랍니다.

2011년의 여름날.

김민

# 차례



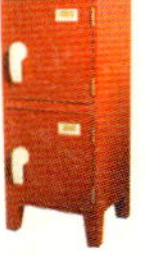

## 나무로 뚝딱 뚝딱, 튼튼한 고양이 용품

## 언제나 냥이와 함께 있는 기분, 집사용 소품

# 시작하기 전에

# 바느질 재료와 도구

## 01 원단의 종류와 특징

### ❶ 리넨

아마(亞麻) 섬유로 만든 천연 직물로 자연스럽고 질리지 않는 색과 촉감을 가지고 있습니다. 수축률의 변동이 있어 선세탁해야 하는 등 다루기 어려운 원단이지만 많은 사람들에게 사랑받고 있습니다.

### ❷ 코튼 리넨

다루기 힘든 순수 리넨의 단점을 보완하기 위해 면을 섞어서 짠 혼방 원단입니다. 의류나 침구류는 워싱 처리를 해서 부드러운 워싱 리넨을 사용하는 것이 좋으며 가방처럼 모양을 잡아야 하는 소품은 빳빳한 리넨이 좋습니다.

### ❸ 순면

무명실로만 짠 천연 직물로 원단을 짤 때 들어가는 실의 굵기를 뜻하는 번수, 즉 '10수', '20수', '30수' 등으로 두께를 확인할 수 있습니다. 번수가 높을수록 원단의 두께가 얇아집니다.

### ❹ 거즈

60수 정도의 얇은 직물로 부드럽고 가벼워 여름용으로 많이 사용됩니다.

### ❺ 인조 가죽

천연 가죽 원단과 질감이 비슷하며 소품이나 의류 등에 포인트로 사용하면 퀄리티를 높여줍니다.

### ❻ 타올지

100% 면으로 흡수성이 좋아 보송보송하고 부드러우며 신축성이 있습니다. 두께나 표면의 촉감을 고려하여 용도에 맞게 선택 사용하도록 합니다.

### ❼ 다이마루

사방으로 신축성이 있어 의류 원단으로 많이 사용합니다. 촉감이 부드럽고 세탁이 쉬워 신생아, 유아복 등에도 적당합니다.

### ❽ 덤블링

포근하고 부드러운 털이 붙어 있는 직물로 양면, 단면이 있으므로 용도에 맞게 선택합니다. 주로 담요나 겨울 의류를 만들 때 사용합니다.

## 02 재단 도구

**❶ 그레이딩 자**

유연성이 좋아 평행선, 직선은 물론 곡선까지 쉽게 측정할 수 있는 자. 시접을 표시해 주는 시접자도 구비해놓으면 편리합니다.

**❷ 재단용 가위**

재단용 가위는 원단을 자르는 용도로만 사용합니다. 가위집 등을 이용해 보관하면 가윗날의 품질이 유지되고 수명이 길어집니다.

**❸ 다용도 가위**

간단한 재단 작업을 하거나 패턴 종이를 자르는 등 다용도로 사용합니다.

**❹ 쪽가위**

작업 중에 가장 많이 사용하는 가위로 깔끔한 마무리 작업에 유용합니다.

**❺ 송곳**

작은 끈이나 띠를 만들 때 모서리 각을 잡아주기 위해 사용합니다. 재봉틀로 박음질을 할 때 원단을 잡아주거나 밀어주는 용도로도 사용합니다.

**❻ 실뜯개**

바느질이 잘못되어 바늘땀을 뜯어야 할 때나 단추구멍을 뚫을 때 쓰입니다.

**❼ 초크, 수성펜**

원단에 패턴을 그리거나 치수를 표시할 때 사용합니다. 일반적인 초크, 시간이 지나면 공기 중으로 휘발되어 사라지는 기화펜, 물을 뿌리면 지워지는 수성펜 등이 있으니 사용해보고 편리한 것을 선택하면 됩니다.

**❽ 다리미**

완성된 작품의 다림질에는 물론 작업 도중 시접을 정리하거나 직물에 접착 심지 등을 붙일 때에도 사용합니다.

**❾ 줄자**

신체 사이즈를 측정하거나 곡선의 길이를 잴 때 사용합니다.

## 03 바느질 재료와 도구

**❶ 퀼팅실**

면섬유에 폴리에스테르가 코팅되어 꼬임이나 엉킴, 끊어짐이 덜합니다. 튼튼해서 손바느질 작업에 많이 쓰입니다.

**❷ 재봉실**

재봉틀을 이용할 때 쓰는 실로 가격이 저렴합니다. 원단의 두께나 색에 알맞은 실을 선택하여 사용합니다.

**❸ 일반실**

손바느질에 사용하며 원단과 어울리는 색을 선택합니다.

**❹ 자수실**

수를 놓거나 스티치로 포인트를 줄 때 사용합니다. 20수 6합은 20수 실 6가닥을 꼬아서 만들었다는 의미입니다. 일반 실에 비해 굵으니 알맞은 바늘을 선택하도록 합니다.

**❺ 바늘**

바늘 두께와 길이가 다양하므로 원단의 두께와 재질에 적합한 바늘을 선택합니다. 자수 바늘과 가죽용 바늘도 구비해놓으면 좋습니다.

**❻ 시침핀**

가장 많이 사용하는 필수품으로 원단을 재단하거나 바느질할 때 임시 고정하는 용도입니다.

**❼ 골무**

두꺼운 천을 손바느질할 때 손가락을 보호해줍니다.

**❽ 면끈**

구슬이나 스토퍼 등을 끼워 소품용 스트링 끈으로 사용합니다.

**❾ 마끈**

소품을 장식하는 등 여러 가지 용도로 쓰입니다.

**❿ 가죽끈**

주로 가방이나 작은 소품의 장식용 끈으로 사용합니다.

**⓫ 면 라벨 끈(웨이빙)**

잘라서 라벨로 사용하거나 꼬임을 줘서 스트링 끈으로 사용할 수 있는 얇은 끈, 가방끈으로 적당한 두꺼운 끈(웨이빙)이 있습니다. 웨이빙 끈은 해먹 제작에 사용하였습니다.

## 04 장식 재료

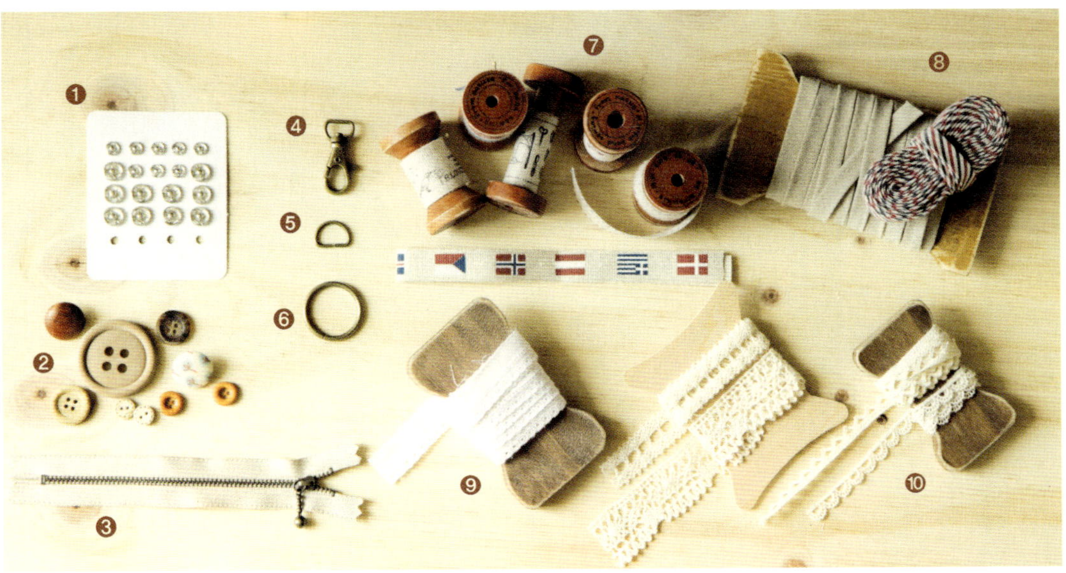

❶ **스냅 단추**

일반적인 단추 대신 사용하는 여밈 단추로 일명 똑딱 단추라고 부릅니다. 암놈과 수놈으로 되어 있습니다.

❷ **장식 단추**

일반 단추, 싸개 단추 등 크기와 모양, 재질이 다양합니다. 여밈 용도 외에 장식으로도 사용합니다.

❸ **지퍼**

단추 대신 의류나 소품의 입구를 여닫는 용도로 사용합니다.

❹ **가방 고리**

가방 끈을 연결하는 보조 도구로 다양한 사이즈가 있습니다. 360° 회전해서 가방 끈의 움직임이 자유로워집니다.

❺ **D링**

가방이나 다양한 소품의 연결 도구로 사용합니다. D링의 사이즈에 맞춰 라벨이나 테이프 등을 끼워서 사용합니다.

❻ **O링**

D링과 같은 연결 도구입니다.

❼ **라벨 테이프**

소품 제작의 마무리 단계에 라벨을 달아주면 완성도를 높일 수 있습니다. 다양한 재질과 사이즈가 있습니다.

❽ **바이어스 테이프**

끝단을 깔끔하게 처리하는 동시에 장식 효과도 낼 수 있습니다. 바이어스는 원단을 재단하여 만들 수 있으며, 시중에 판매되는 바이어스는 접혀 있어 편리합니다.

❾ **면 레이스**

면 원단 끝에 자수가 놓아져 있어 소품의 장식으로 사용합니다.

❿ **토숀 레이스**

손뜨개질의 느낌이 나는 레이스로 고급스러워 소품 제작 시 많이 쓰입니다.

## 05 금속 부자재와 도구

### ❶ 아일렛

원단의 구멍을 깔끔하게 처리할 때 사용하며 암놈과 수놈으로 이루어져 있습니다.

### ❷ 아일렛 누름쇠, 바닥 몰드

원단에 구멍을 뚫고 아일렛의 암수를 끼운 후 바닥 몰드 위에 올립니다. 누름쇠를 원단 위에 올리고 고무망치로 두드려 아일렛을 고정합니다.

### ❸ 가시도트 단추

의류나 소품 입구를 여미는 용도입니다. 겉 수놈, 겉 암놈, 안 암놈, 안 수놈으로 구성되어 있습니다.

### ❹ 구멍 펀치, 가시도트 누름쇠, 바닥 몰드

원단에 가시도트를 고정할 때 필요한 기구들입니다. 수놈과 암놈을 맞물리게 겹치고 누름쇠와 몰드를 사용해 고정합니다.

### ❺ 펀칭 보드

고무로 된 바닥판으로 아일렛이나 가시도트 단추를 고정할 때 충격을 흡수해주어 안전하게 작업할 수 있습니다.

### ❻ 고무 망치

머리 부분이 고무 재질인 망치입니다. 금속 도트 단추 또는 양면 징 등의 금속류를 다치지 않게 하여 안전하게 작업할 수 있습니다.

## 니들펠트 공예

양모(羊毛, wool) 표면에는 수만 개의 털비늘이 있어서 열과 습기, 그리고 마찰이 가해지면 이 비늘들이 서로 엉겨 붙으면서 단단한 조직으로 변하는 성질이 있습니다. 면, 마, 실크와 같은 다른 천연 재료들이 기계적으로 날실과 씨실을 엮어 가공해야만 실제 사용할 수 있는 섬유 원단의 상태로 만들어지는 반면, 양모는 자연 상태로 압축해서 '펠트지(felt)'로 바꿀 수 있습니다. 또 털비늘 사이에 온기를 보존해서 늘 20도 이상의 온도를 유지할 뿐 아니라 통기성도 좋기 때문에 겨울철 최고의 의류 소재로 각광받고 있습니다.

펠트 공예에 사용되는 양모는 원모를 가공해 긴 털뭉치를 돌돌 말아놓은 모양으로, 원하는 길이만큼 뜯어서 얇게 펴서 사용합니다. 대표적인 양모로는 메리노(merino)와 코리데일(corriedale)이 있는데, 메리노 양모는 가늘고 촉감이 부드러운 반면 코리데일 양모는 결이 거친 편입니다. 이 코리데일 양모의 비늘을 특수한 바늘로 찔러가며 서로 엉키게 하여 원하는 형태로 만드는 기법을 니들펠트라고 합니다. 전문적인 지식이 없어도 누구나 손쉽게 니들펠트 소품을 완성할 수 있습니다.

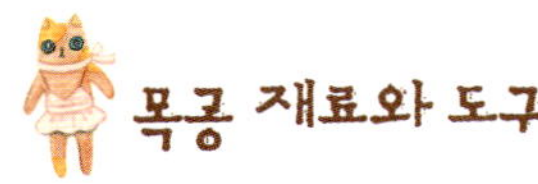

# 목공 재료와 도구

## 01 목재의 종류와 특징

### ❶ 원목

자연 상태에서 벌채한 순수한 나무 자체, 즉 통나무를 말합니다. 통나무를 판재 형태로 절단하여 자연스러운 나무결과 질감이 가장 잘 살아 있지만 구입이나 가공이 쉽지 않습니다.

### ❷ 집성목

작은 크기의 원목을 모아 짜집기해서 큰 판재나 각재로 만든 것을 말합니다. 자연 친화적이고 천연의 나뭇결을 최대한 살려 가장 많이 사용되고 있는 목재입니다. 원목의 취약점인 옹이나 뒤틀림이 없고 강도 등이 보완되어 있지만, 나무를 이어 붙였기 때문에 무늬가 일정치 않고 결합 부분이 떨어질 수 있다는 단점이 있습니다.

### ❸ 삼나무

삼나무로 만든 집성목으로 자연스러운 옹이 무늬와 저렴한 가격을 자랑합니다. 목재의 무게가 가벼워 쉽게 자를 수 있고 못질도 가능하지만 강도 면에서는 조금 약하고 약간의 휨 현상이 있을 수 있습니다. 다른 목재를 사용하다 삼나구를 접하게 되면 며칠은 삼나무 향이 강하게 느껴져 머리가 아플 수 있지만 환기만 잘 시켜주면 은은한 숲의 향기에 편안함을 느낄 수 있습니다.

### ❹ MDF

목재의 섬유를 화학 처리한 뒤 접착제를 발라 만든 것으로, 가격이 저렴해서 목재나 합판 대신 많이 사용됩니다. 습기가 많은 곳에서는 쉽게 휘고 나사가 헐거워지는 것이 단점이며, 제작 과정에서 사용되는 접착제는 인체에 유해하니 초벌이나 코팅 작업을 하는 것이 좋습니다.

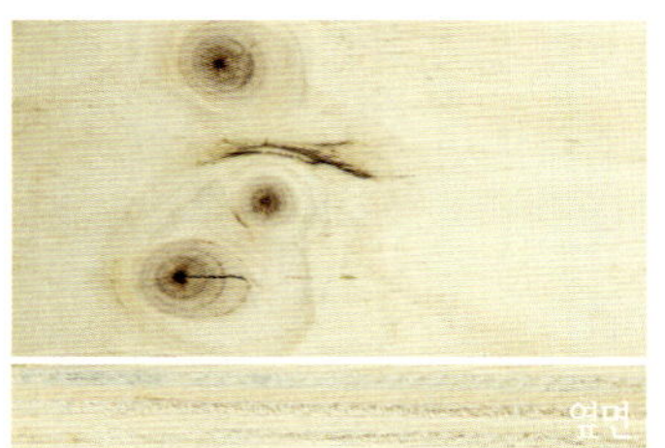


### ❺ 합판

얇게 켠 목재 판을 여러 겹 겹쳐서 만든 것으로, 절단면의 나뭇결이 서로 엇갈리게 교차하도록 붙여서 목재의 약점인 수축과 팽창을 최소화하고 강도를 극대화한 제품입니다. 미송나무로 만든 미송 합판이 대표적이며 나무 자체에 옹이 무늬가 그대로 살아 있는 것이 특징입니다.

## 02 목공 작업 도구

**❶ 목재용 나사못**

원목과 원목을 연결 고정하는 데 쓰입니다.

**❷ 콘크리트용 나사못**

벽이나 콘크리트 구조물에 못을 박을 때 이용합니다. 먼저 콘크리트용 드릴 비트로 벽에 구멍을 내고 칼브록(흰색 고무)을 끼워 넣은 후 남은 부분을 커터칼로 절단합니다. 그 자리에 나사못을 끼워 고정합니다.

**❸ 드라이버**

나사못을 돌려서 고정시킬 때 사용하며 십자 모양과 일자 모양이 있습니다. 전동 드라이버를 함께 구비해놓으면 편리하게 사용 가능합니다.

**❹ 망치**

일반 못을 목재에 박을 때 사용합니다.

**❺ 요술톱**

일반 톱으로 자르기 힘든 부분이나 곡선 등은 드릴로 구멍을 뚫은 후 요술톱으로 자릅니다. 톱날이 얇고 90°까지 조절 가능해서 옆으로도 자를 수 있습니다.

**❻ 사포**

목재의 거친 면이나 흠집을 매끄럽게 정리해줍니다. 사포 뒷면을 보면 80, 150, 220, 400 등의 숫자가 쓰여 있는데, 숫자가 낮을 수록 사포의 표면이 거칩니다. 골고루 구비해두면 유용하게 쓰입니다.

**❼ 목공 본드**

목재와 목재를 나사못으로 고정하기 전에 먼저 목공 본드를 발라주면 견고함과 안정성을 얻을 수 있습니다. 목공 본드가 완전히 건조되기까지는 30분 이상 걸리며 순간 접착을 위해서는 글루건이나 실리콘, 타카를 이용하면 편리합니다(이 책에 수록된 목재 소품은 모두 별도의 안내가 없어도 목공 본드를 바르고 조립하도록 합니다).

## 03 전동 공구

### ❶ 전동 드릴(드라이버)

목재, 금속, 플라스틱, 콘크리트, 대리석, 벽돌, 타일 등에 구멍을 뚫는 드릴 작업과 드라이버 작업에 사용합니다. 전선이 없는 충전식 드릴은 이동성이 좋으며 전선이 있는 일반 드릴은 힘이 좋아 모두 구비해놓으면 편리합니다.

### ❷ 드릴 비트

콘크리트용 드릴 비트, 금속용(철물용) 드릴 비트, 목재용 드릴 비트로 구분되어 있습니다. 나무 안으로 나사못 머리가 숨겨지도록 구멍을 뚫어주는 이중 드릴 비트도 있습니다.

### ❸ 드릴척 핸들

드릴을 조이거나 드릴 비트를 교체할 때 사용합니다.

### ❹ 직소기

목재의 직선은 물론 곡선을 자를 때도 사용하며 일반 톱으로 자르기 힘든 5cm 이하의 두꺼운 목재를 절단할 때에 유용합니다(절단 가능한 두께는 기종에 따라 다릅니다). 그러나 소음과 진동이 심하며 절단 시 날리는 톱밥의 양이 많으므로 실외에서 마스크를 쓰고 작업하도록 합니다. 반드시 사용 설명서를 숙지하고 사용해야 위험하지 않습니다.

### ❺ 직소 날

직소기에 장착하는 톱날로 직소기의 몸체에 깊게 삽입하여 수직이 되도록 고정하고 사용하도록 합니다.

## 04 채색 도구

**❶ 롤러**

천정, 벽 등의 넓은 면적을 칠할 때 사용하면 얼룩을 최소화할 수 있으며 붓을 사용할 때보다 페인트의 소모량을 줄일 수 있습니다. MDF 등의 목재 페인팅 작업에도 용이합니다.

**❷ 페인트 붓**

수성 페인트용 붓과 유성 페인트용 붓으로 구분합니다. 수성은 모가 길고 부드러운 붓을 사용하고, 유성은 비교적 빳빳하고 짧은 붓을 사용합니다.

**❸ 일반 붓**

작은 소품이나 구석진 곳의 칠에 적합합니다.

**❹ 폼 브러쉬**

붓 대신 사용하면 털 빠짐이 없고 붓자국이 남지 않아 편리합니다. 수성과 유성에 모두 사용할 수 있으며 밀크 페인트나 워싱 페인트처럼 부드러운 느낌을 낼 때도 효과적입니다.

**❺ 젖은 천**

워싱 페인트나 스테인으로 나뭇결을 살리고 싶을 때 사용합니다. 페인트의 소모량을 줄일 수 있으며 얼룩이나 흐른 자국 등이 남지 않습니다. 해면 스펀지와 함께 사용하면 편리합니다.

## 05 채색 및 마감 재료

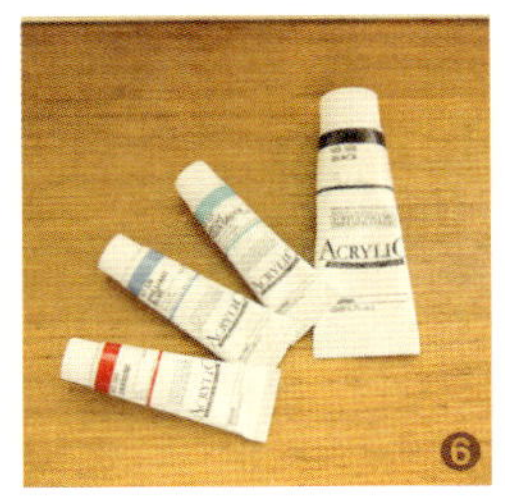

### ❶ 젯소(프라이머)

목재에 페인트를 칠하기 전에 바르는 바탕면 보조제(초벌제)입니다. 젯소를 발라주면 페인트의 접착력과 작업성(발림과 발색)이 좋아집니다.

### ❷ 밀크 페인트

무광의 불투명 페인트로 버터처럼 부드럽게 발리고 붓자국이 남지 않아 사용이 매우 쉽습니다. 투톤으로 칠한 후 사포칠하면 빈티지한 멋을 낼 수 있습니다.

### ❸ 일반 페인트

수성과 유성, 무광과 유광 등 종류가 다양하므로 용도에 맞게 선택합니다. 수용성 페인트는 냄새가 적어 실내에 적합하며 초보자도 쉽게 사용할 수 있습니다. 안전성에 유의하여 무독성의 친환경 제품을 선택하도록 합니다.

### ❹ 스테인

목재에 사용하는 착색제로, 나무의 질감과 특성을 그대로 살리면서 습기나 곰팡이로부터 보호해줍니다. 수성과 유성이 있으며 실내 소품에는 주로 수성을 사용합니다. 수성 착색제는 코팅 효과가 크지 않으므로 버니쉬로 마감하는 것이 좋습니다.

### ❺ 글레이즈

페인팅 작업 후에 나뭇결을 살리거나 앤틱한 느낌을 내기 위해 사용하는 마감제입니다. 페인트 칠을 보호하는 역할과 방수 및 왁스 기능을 합니다.

### ❻ 아크릴 물감

작은 가구나 소품을 칠할 때 페인트와 섞어 색을 만들어 쓰도록 합니다. 작은 소품을 하나하나 칠할 때마다 매번 조색된 페인트를 구입하기란 쉽지 않습니다. 큰 면적이 아닌 곳에 색을 입힐 때는 아크릴 물감이 유용합니다.

### ❼ 버니쉬

목재에 직접 바르거나 페인팅 후 에 바르는 투명한 코팅 마감재입니다. 버니쉬는 목재의 표면 강도를 높이고 스크래치로부터 보호해주며 누렇게 변색되는 현상도 막아 오래 사용할 수 있도록 도와줍니다.

## 나무 종류에 따른 페인트 선택

페인트의 종류는 정말 다양합니다. 국산 페인트와 수입 페인트, 기능에 따라 분류되는 페인트, 페인팅 기법에 따라 분류되는 페인트 등 수많은 페인트가 시판되고 있습니다. DIY 초보자라면 어떤 페인트를 골라야 할지 난감할 때가 많을 것입니다. 우선 만들고자 하는 소품과 사용할 목재의 종류를 결정했다면 페인트를 고르기가 한결 쉬워집니다.

옹이나 나뭇결이 살아 있는 원목이나 집성목, 미송 합판 등에는 나뭇결이 그대로 비치는 워싱 페인트나 스테인, 글레이즈 등을 사용해서 내추럴한 느낌을 살립니다. 실외에 놓을 것이 아니라면 냄새나 유해 물질이 적은 수용성 페인트를 선택하는 것이 좋습니다. 수용성 페인트는 물에 희석하여 색의 농도를 조절할 수 있다는 장점도 있습니다(워시드 기법). 마감재로 반광이나 무광의 버니쉬를 발라 마무리해주면 됩니다.

MDF와 시트지가 붙은 가구를 리폼할 때에는 기존의 나무 색상과 시트지 색상을 가리기 위해 초벌제(젯소, 프라이머)를 발라줍니다. 젯소는 일반 컬러 페인트의 발색과 접착을 돕는 작용을 하며 MDF로부터 방출되는 유해 물질을 덮어서 차단합니다. 붓자국과 얼룩을 최소화하려면 젯소를 얇게 여러 번 바르는 것이 좋으며, 완전히 마르면 일반 컬러 페인트를 발라줍니다. 페인트 역시 본연의 색이 나올때까지 얇게 여러 번 발라주고, 버니쉬를 발라 마무리합니다.

## 페인팅 순서

원목의 질감을 살리는 페인팅 :

페인트 (워시드 기법) → 버니쉬

오일 또는 수성 페인트 (스테인, 글레이즈 등) → 버니쉬

MDF목재의 소품 또는 시트지 위에 페인팅 :

프라이머 또는 젯소 → 페인트 → 버니쉬

# 바느질의 기초

## 01 원단 손질하기

### ❶ 식서와 푸서, 바이어스

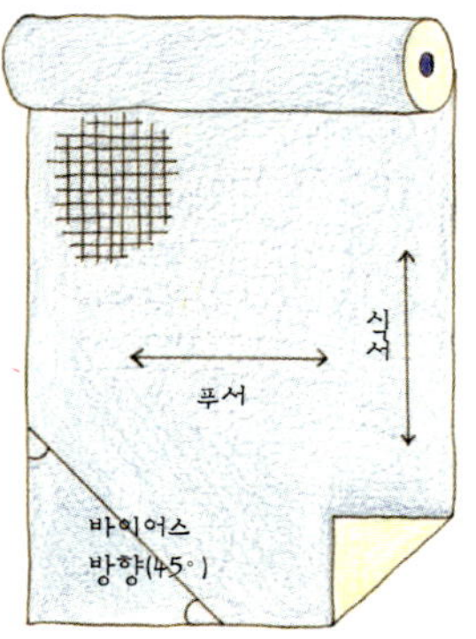


롤에 감겨 있는 원단이 풀리는 방향이 식서 방향이며 잡아당겼을 때 잘 늘어나지 않습니다. 몇 마 단위를 가늠할 수 있는 길이 방향이기도 합니다.
푸서 방향은 원단을 구입할 때 볼 수 있는 90cm 폭, 110cm 폭, 대폭 등의 설명에 해당하는 폭 방향입니다.
바이어스는 식서와 푸서의 45° 각도 방향입니다. 이 방향으로는 원단이 잘 늘어나기 때문에 곡선 부분을 마무리할 때 감싸주면 깔끔해집니다.
작은 소품의 경우 식서 방향에 크게 신경 쓰지 않아도 되지만, 담요나 쿠션처럼 크기가 큰 소품의 경우 힘을 받는 방향과 식서 방향이 맞도록 신경써주면 더 완성도 있는 작품이 나옵니다.

### ❷ 선세탁과 건조

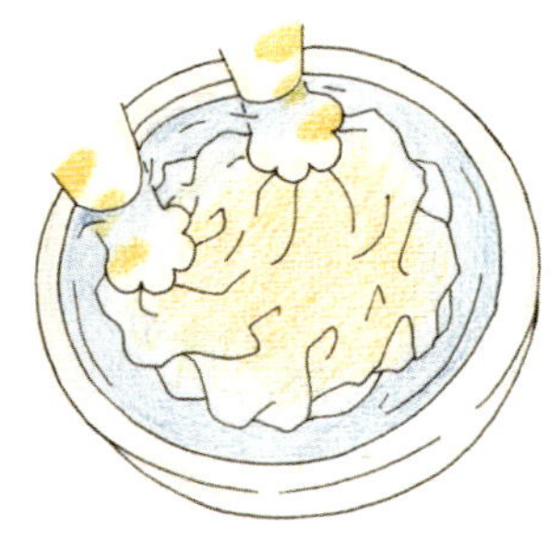

원단을 구입하면 먼저 2~3시간 미지근한 물에 담가두었다가 손으로 조물조물하여 제직 과정에서 붙은 불순물을 제거하고 완성 후에 수축되는 것을 막습니다. 리넨이나 면과 같은 천연 소재 원단은 선세탁이 필수입니다. 세탁한 원단은 반듯하게 펴고 직사광선을 피해 건조합니다.

### ❸ 다림질

선세탁한 원단이 완전히 마르기 전에 다림질합니다. 날실과 씨실이 직각으로 교차하도록 올을 바로잡아 다림질해야 완성도를 높이고 변형을 막을 수 있습니다.

## 02 재단하기

### ❶ 일반 재단

원단에 완성선과 시접선을 그리고 자르는 과정을 재단이라고 합니다. 완성선은 바느질되는 선으로 완성했을 때의 모양을 의미하고, 시접선은 완성선에서 1cm 정도 바깥의 선으로 이 선을 따라 재단합니다.

1: 원단의 안쪽에 초크나 수성펜으로 완성선을 그린다.

2: 필요한 시접 분량만큼 시접을 두어 시접선을 그린다.

3: 시접선을 따라 자른다.

### ❷ 패턴 재단

특별한 모양이 있는 경우 패턴을 사용하면 편리합니다.

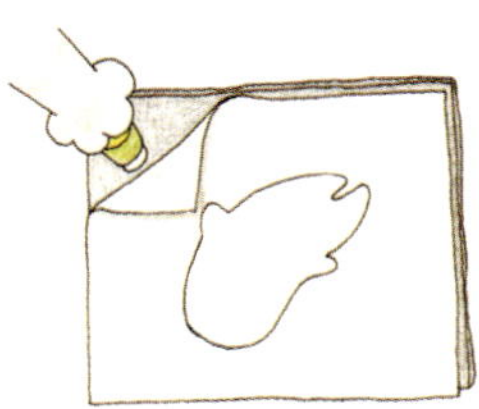

1: 패턴을 복사하거나 트레이싱지에 따라 그리고 오린다.

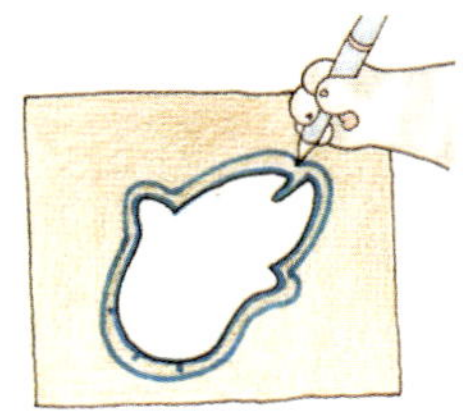

2: 원단 위에 패턴을 올려놓고 초크나 수성펜으로 완성선을 따라 그린다.

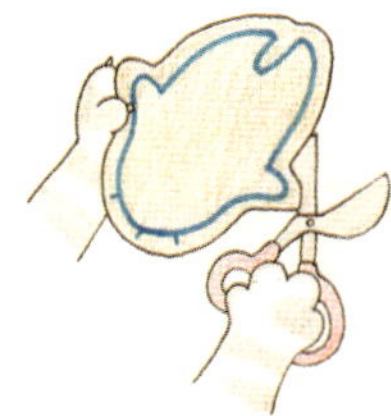

3: 시접 분량을 포함하여 자른다.

### ❸ 수 도안 옮기기

1: 트레이싱지를 대고 수 도안을 따라 그린다.

2: 원단의 겉에 원단용 먹지와 트레이싱지를 차례로 올려놓고 볼펜 등에 힘을 주어 도안을 옮겨 그린다.

3: 옮겨진 도안을 따라 수놓는다.

## 03 기본 바느질 방법

### ❶ 홈질

모든 바느질의 기초. 바늘 땀이 고르고 바느질 선이 반듯해야 합니다. 자수실로 장식 효과를 낼 때도 씁니다(러닝 스티치).

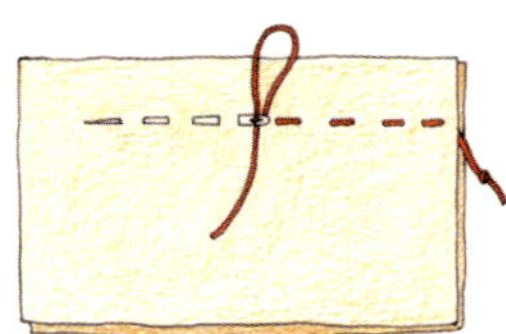

1: 0.1~0.3cm 간격으로 여러 땀을 뜬다. 보통 3~4땀씩 떠서 바느질한다.

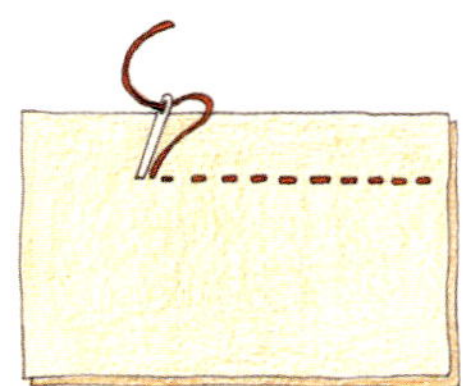

2: 이 과정을 반복한다.

### ❷ 시침질

본 바느질을 하기 전에 원단과 원단을 임시로 고정해줍니다.

홈질과 같은 방법으로 바느질하되 바늘땀을 크게 뜬다. 본 바느질을 마친 후에 실을 제거한다.

### ❸ 박음질

튼튼하게 바느질할 수 있는 방법으로, 바느질 선이 끊기지 않아 수를 놓을 때도 씁니다(백스티치).

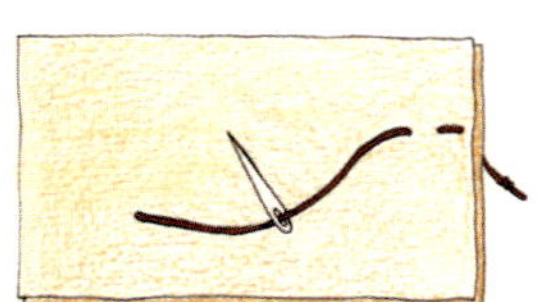

1: 한 땀을 떠서 바늘을 뺀다.

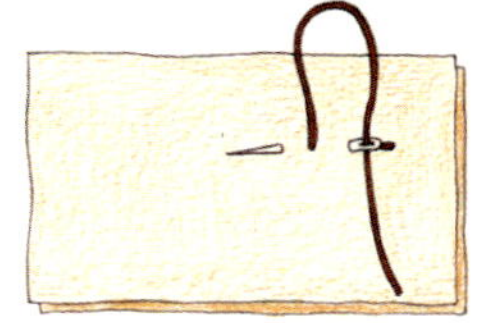

2: 일정한 간격으로(바늘이 나왔던 곳으로) 되돌아가서 다시 한 땀을 뜬다.

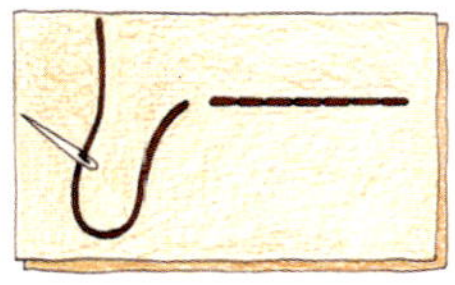

3: 이 과정을 반복한다.

### ❹ 감침질

원단끼리 덧대어 이을 때나 밑단을 정리할 때 사용합니다.

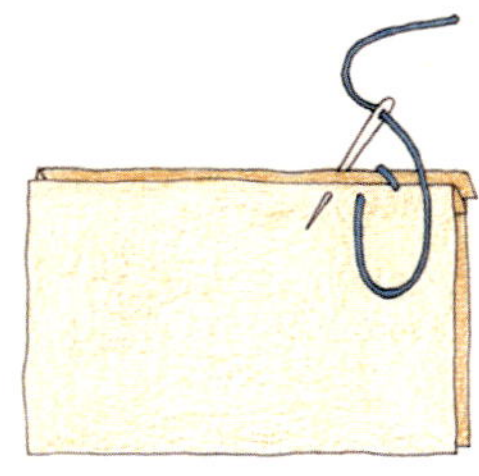

1: 원단을 겹쳐서 양쪽을 번갈아 가며 사선으로 뜬다.

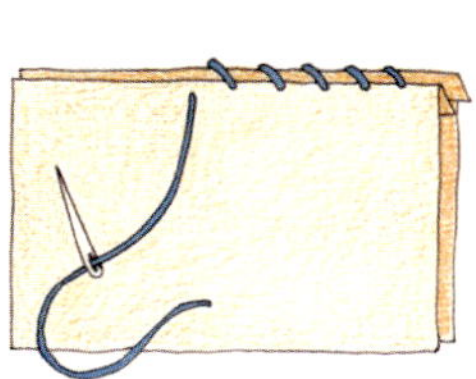

2: 이 과정을 반복한다. 땀의 길이와 방향을 고르게 한다.

### ❺ 공그르기

바늘땀이 보이지 않도록 숨겨 뜨는 방법으로 감침질과 비슷한 용도로 사용합니다.

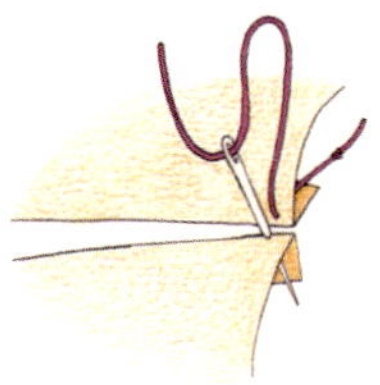

1: 마주 접은 양쪽 원단을 동일한 간격으로 번갈아가며 바늘땀을 뜬다

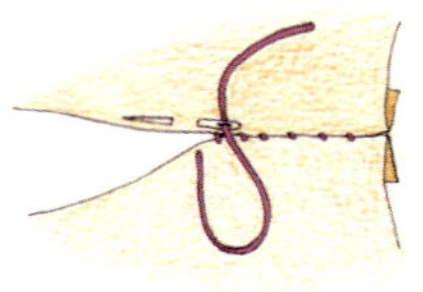

2: 원단이 접힌 부분에 가깝게 살짝 떠서 겉에서 바늘땀이 보이지 않게 한다.

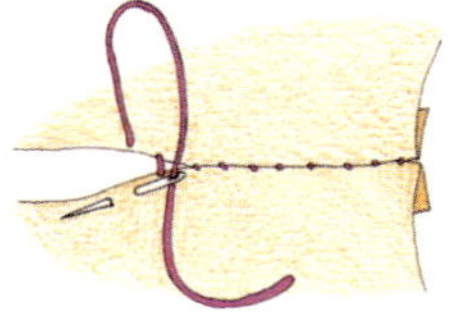

3: 이 과정을 반복한다.

## 04 밑단 처리하기

### ❶ 접어 박기

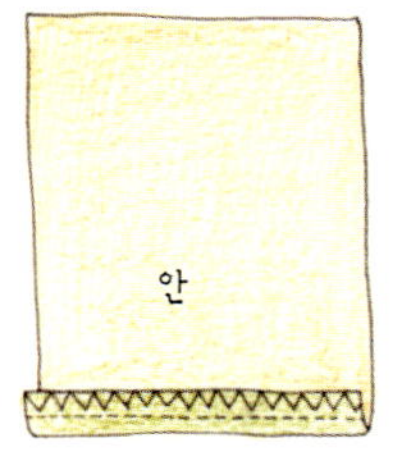

재봉틀이 있는 경우 끝부분을 오버로크(지그재그) 처리하고, 없을 경우 감침질로 올풀림을 막은 후 접어 박는다.

### ❷ 말아 박기

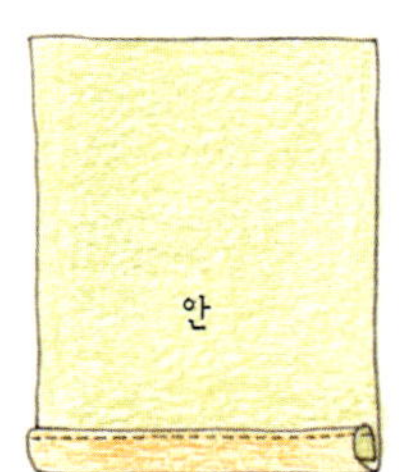


끝부분을 따로 처리하지 않고 시접을 두번 접어 안으로 밀어 넣은 다음 박는다.

## 05 시접 정리하기

### ❶ 뉨솔

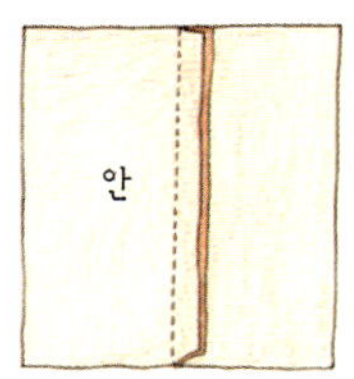


원단의 겉끼리 맞대어 바느질한 후 시접을 한쪽으로 꺾는다.

### ❷ 가름솔

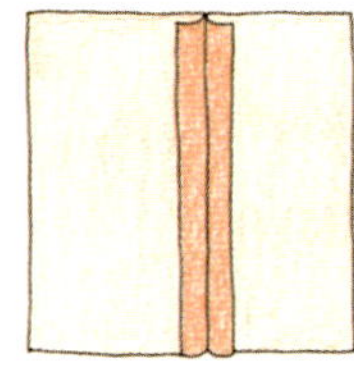

원단의 겉끼리 맞대어 바느질한 후 시접을 양쪽으로 펼쳐 다림질한다.

### ❸ 쌈솔

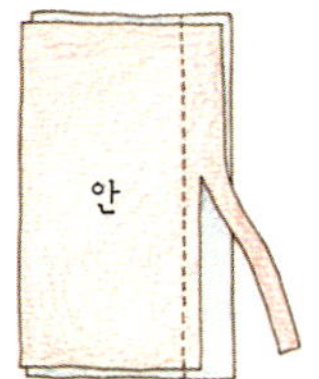


1: 원단의 겉끼리 맞대어 바느질하고 한쪽 시접을 잘라낸다.

2: 자른 시접을 다른 쪽 시접으로 감싼다.

3: 시접을 반대쪽으로 넘겨 바느질한다.

### ❹ 통솔

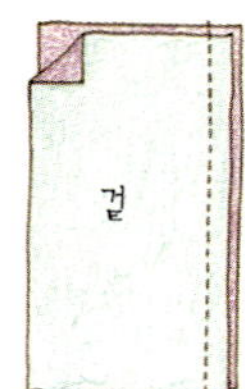


1: 원단의 안끼리 맞대고 완성선에서 시접 분량의 1/2보다 0.2cm 정도 더 나아가 바느질한다.

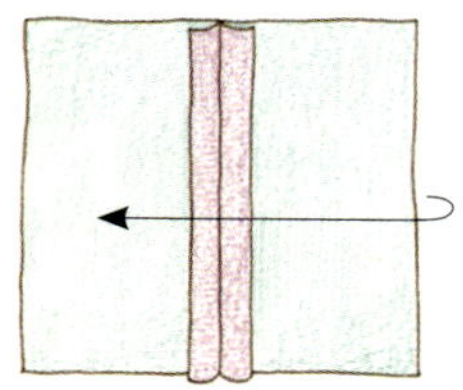

2: 원단을 펼쳐 한쪽으로 넘겨 겉끼리 마주보게 한다.

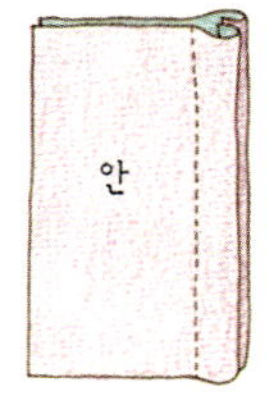


3: 완성선을 따라 바느질한다.

## 06 바이어스 처리하기

### ❶ 바이어스 테이프 만들기

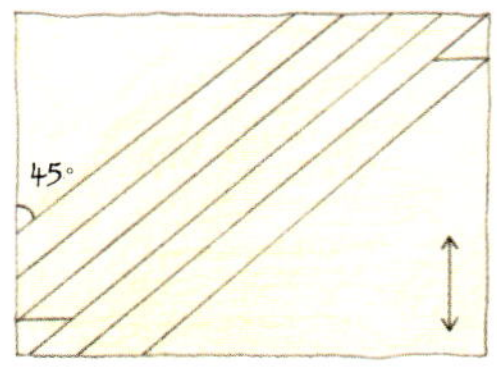


1: 원단에 45° 각도의 사선을 원하는 바이어스 폭의 4배 간격으로 자른다.

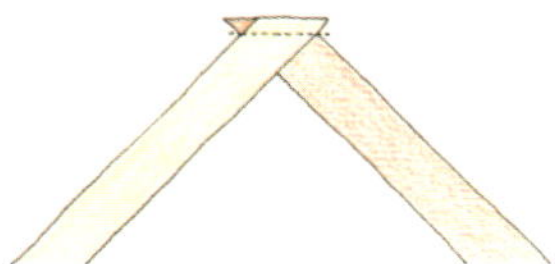

2: 자른 원단을 겉끼리 맞대서 바느질한다.

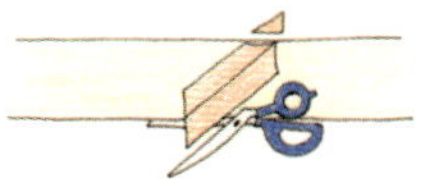

3: 시접을 양쪽으로 가르고 튀어나온 부분을 잘라낸다.

### ❷ 바이어스 처리하기

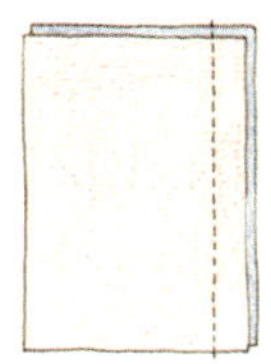

1: 완성선에서 바이어스 폭만큼 안쪽으로 바느질 선을 긋는다.

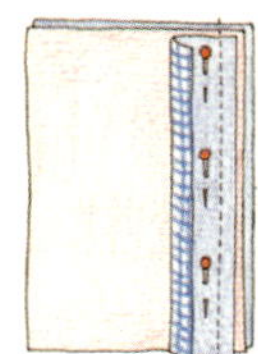

2: 원단과 바이어스의 겉끼리 마주보게 대고 시침핀으로 고정해서 바느질한다.

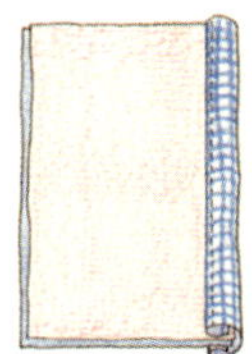

3: 바이어스를 반대쪽으로 넘기고 시접을 접어 넣어 바느질한다(박음질 혹은 공그르기).

## 07 단추 달기

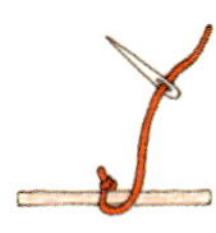

1: 단추가 달리는 쪽에 실 매듭을 지어 바느질을 시작한다.

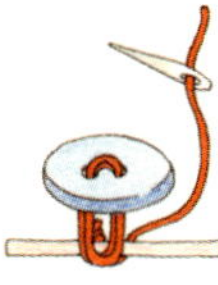

2: 단추와 원단 사이에 원단 두께만큼의 여유를 두고 2~3회 단추 구멍을 오르내리며 떠준다.

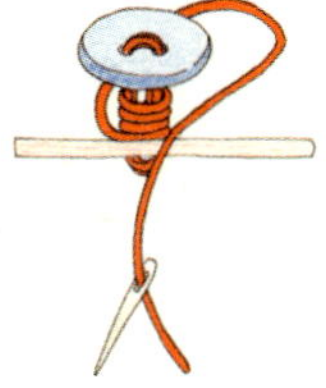

3: 오르내린 실을 여러 차례 튼튼하게 감아 실기둥을 만든다.

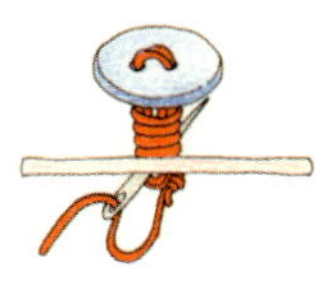

4: 마무리는 실을 밑에서 위로 빼고 실기둥을 통과시켜 매듭을 짓는다.

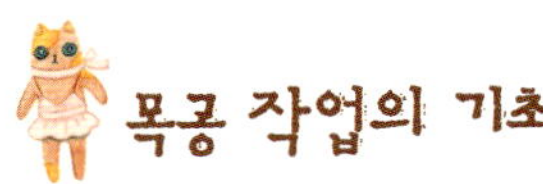

# 목공 작업의 기초

## 01 전동 드릴과 드릴 비트의 종류

전동 드릴(드라이버)은 목공 DIY에서 가장 많이 사용하는 공구로 나무나 금속, 콘크리트 등에 구멍을 내고 나사못을 고정하는 데 사용합니다. 그러나 전동 드릴 혼자서 이 작업을 할 수 있는 것은 아닙니다. 바로 드릴 비트라는 녀석이 있어야 이 작업이 가능해집니다. 드릴척 입구에 드릴 비트를 끼우면 구멍을 뚫을 수 있고, 드라이버 비트를 끼우면 나사못을 박는 드라이버로서의 기능을 합니다.

드릴 비트는 크게 목공용, 금속용, 콘크리트용 비트로 나눌 수 있습니다. 우리가 일반적으로 사용하는 것은 금속용 비트로 날 앞부분이 동그랗게 되어 있습니다. 금속용 비트를 나무에 사용하면 나뭇결의 방해로 인해 원하는 위치를 벗어나 엉뚱한 곳에 구멍이 뚫리는 경우가 발생합니다. 따라서 목재에 구멍을 뚫을 때에는 드릴 날이 톱니처럼 나와 있는 목공용 드릴 비트를 사용해야 합니다.

목공용 드릴 비트

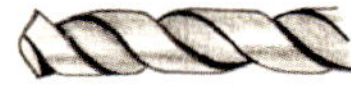

금속용 드릴 비트

콘크리트용 드릴 비트

## 02 못을 박기 전에 미리 구멍을 뚫는 이유

목재와 목재를 연결하기 위해서는 못이 필요합니다. 목재의 특성이나 두께에 따라 또는 만들고자하는 소품의 크기에 따라 사용하는 못이 달라지는데, 일반 못보다는 나선형으로 박혀 나무의 조직에 걸리게 되는 나사못을 많이 이용합니다. 나사못을 드라이버로 돌려서 박을 경우 종종 나무가 쪼개지거나 목재와 목재의 연결 부위가 벌어지는 것을 경험할 수 있습니다. 바로 이를 막기 위해 나사못을 박기 전 나무에 구멍을 뚫어주는 선가공이 필요합니다.

미리 길을 내준 다음 나사못을 박으면 나무가 쪼개지는 것을 막을 수 있을 뿐 아니라 훨씬 견고해집니다. 이때 사용되는 것이 목공용 드릴 비트입니다. 일반적으로 사용하는 금속용 드릴 비트로 구멍을 뚫으면 원하는 위치를 벗어나 구멍이 뚫리는 경우가 종종 있습니다. 이를 방지하고 정확한 위치에 구멍을 뚫기 위해서는 드릴 비트 끝이 나무에서 밀리지 않도록 미리 위치를 잡아주어야 합니다. 뚫을 위치를 연필로 표시하고 송곳으로 찔러 흠을 낸 뒤 이 흠에 드릴 비트 끝을 고정하고 구멍을 뚫어줍니다.

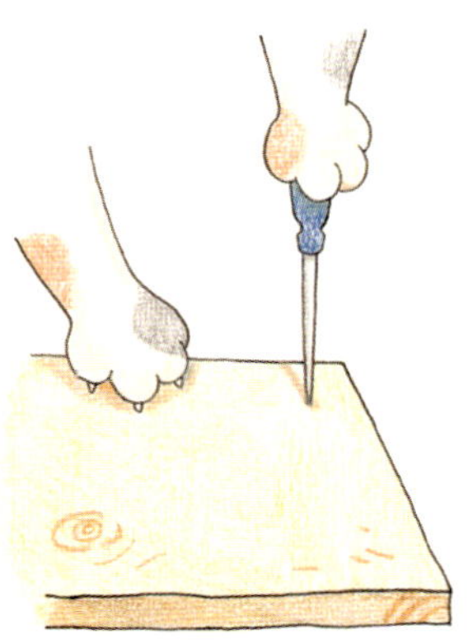

송곳으로 구멍 뚫을 자리 표시하기

## 03 나사못 길 만들어주기

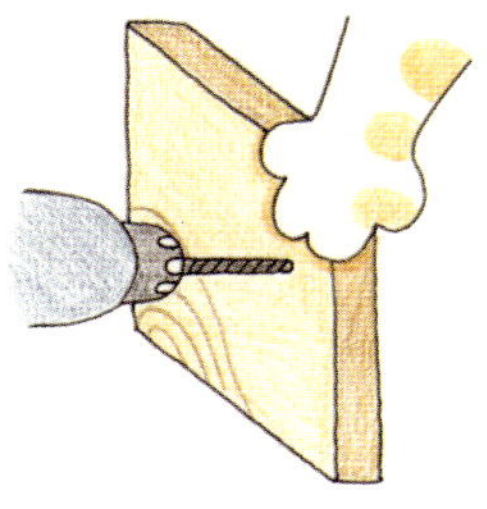

1: 나사못 지름보다 0.1cm 정도 작은 드릴 비트를 끼우고 나무와 직각이 되도록 댄다.

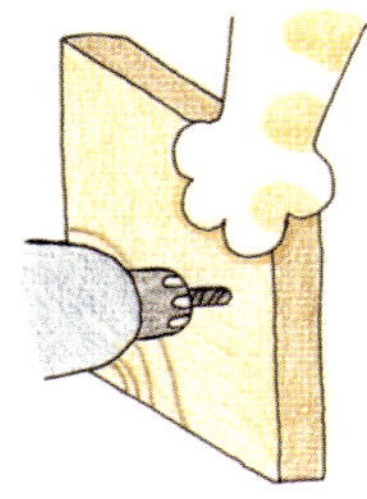

2: 나사못이 들어갈 길이만큼 구멍을 뚫는다.

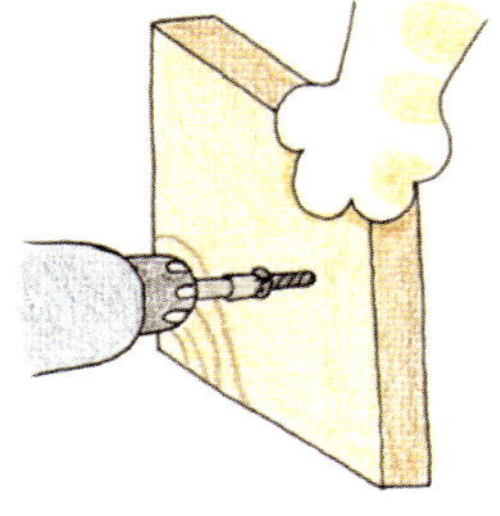

3: 드라이버 비트로 나사못을 박아준다.

## 04 전동 드라이버 사용 자세(드라이버 비트 사용 시)

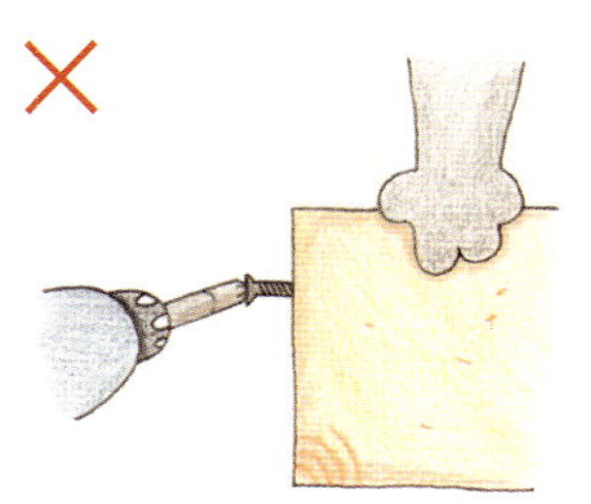

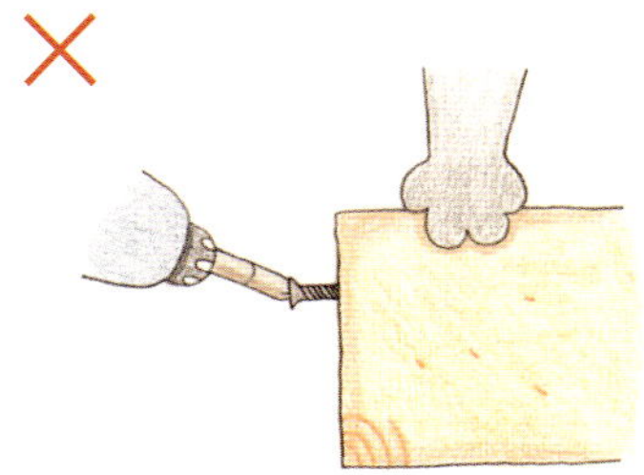

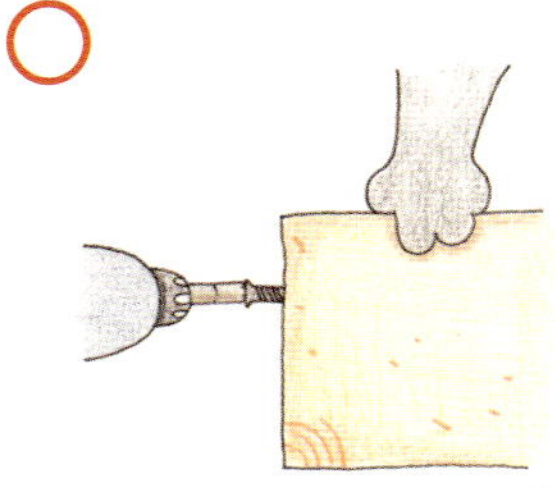

목재에 선가공으로 나사못 길을 만들어주었다면 드라이버 비트로 교체한 후 나사못을 고정합니다. 목재에 나사못을 고정할 때에는 많은 힘이 가해지므로 단단히 고정하고 작업해야 합니다. 드라이버에 과도하게 힘을 주어 누를 경우 나무가 쪼개질 수 있으므로 속도 조절 장치를 이용해 자신에게 맞는 속도로 고정해놓습니다. 드라이버 비트와 나사못이 일직선이 된 상태에서 꾹 눌러 작업하고 빠른 속도가 익숙하지 않을 경우에는 조금씩 끊어서 작업하도록 합니다. 너무 빠른 속도와 과한 힘은 나사못 머리를 손상시키거나 전동 공구의 수명을 단축시킵니다.

## 05 나사못 머리 감추기

종종 목재 바깥으로 나사못 머리가 나와 있는 것을 볼 수 있습니다. 못 머리가 나와 있으면 작품의 완성도가 떨어져 보이며 잘못하면 옷이 걸려 뜯어지기도 합니다. 이중 드릴 비트(이중기리)를 사용하면 못 머리를 목재 안으로 깔끔하게 감출 수 있습니다.

이중 드릴 비트에 드릴 비트를 뚫고자 하는 구멍의 깊이만큼 넣어서 드릴척에 고정하여 사용합니다.

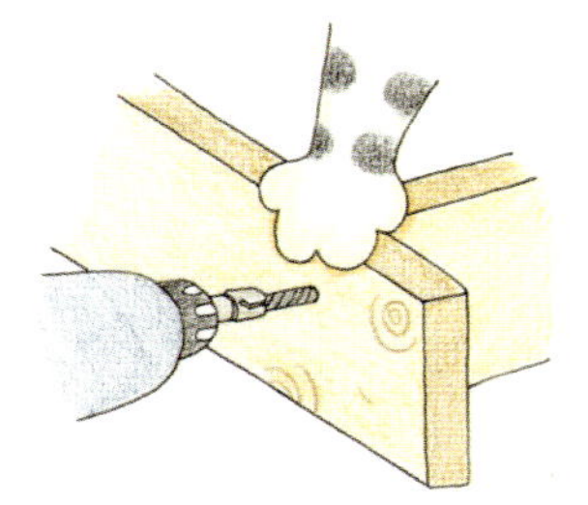

나사못 박을 자리를 송곳으로 표시하고 이중 드릴 비트를 이용해 구멍을 뚫는다.

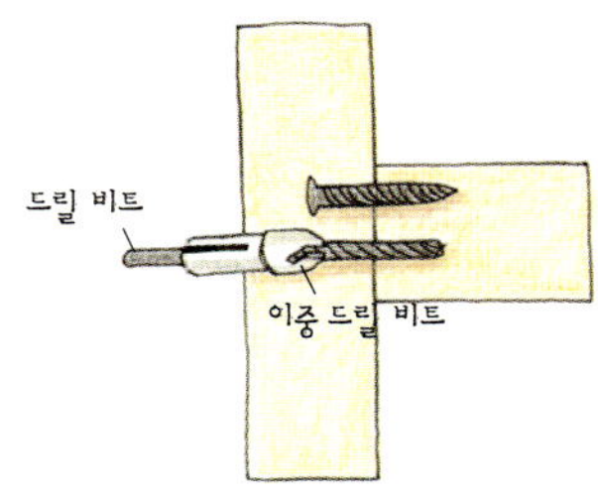


두꺼운 각목에 나사못을 박을 때는 나사못이 연결할 목재에 충분히 걸리도록 구멍을 깊이 내준다.

## 06 경첩 달기

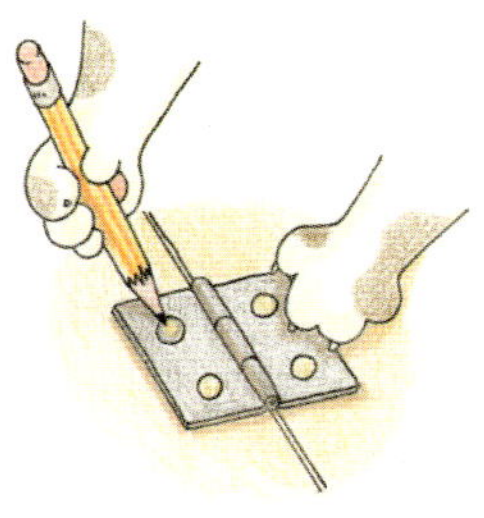

1: 경첩을 원하는 자리에 놓고 연필로 나사못 구멍을 표시한다.

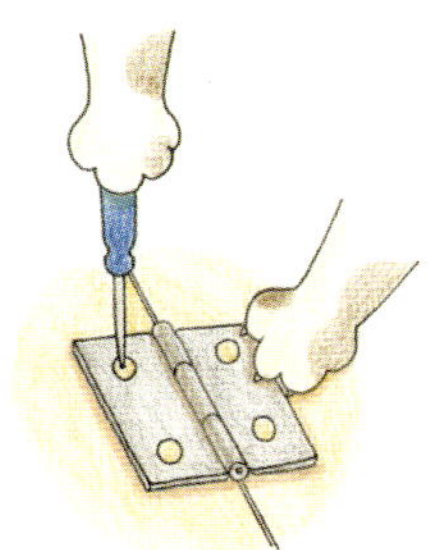

2: 표시한 곳을 송곳으로 눌러준다.

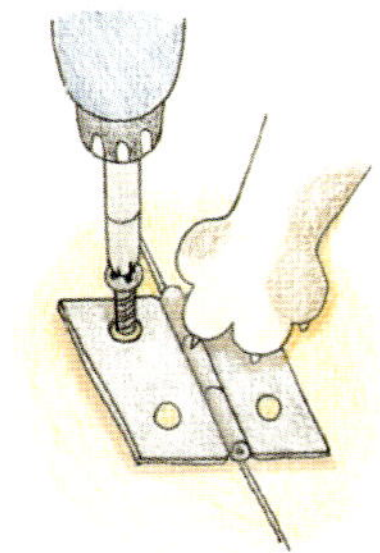

3: 드라이버로 나사못을 고정한다.

경첩 달기는 정확하고 조심스럽게 해야 하는 작업입니다. 정확한 위치에 고정하지 않으면 문짝이 닫히지 않거나 자꾸 열리며 전체적인 모양이 틀어져 보기 흉해지기 마련입니다. 따라서 나사못을 고정할 때 전동 드라이버의 속도와 힘을 조절해서 신중하게 달도록 합니다.

## 바느질 재료와 도구 구입하는 곳

네스홈 www.nesshome.com

심플소잉 www.simplesewing.co.kr

선퀼트 www.sunquilt.com

코튼빌 www.cottonvill.co.kr

원단나라 www.wondannara.co.kr

즐거운 납치 www.funchoice.com

## 목공 재료와 도구 구입하는 곳

손잡이닷컴 www.sonjabee.com

THE DIY www.thediy.co.kr

HASA www.hasa.kr

다이야 놀자 www.diyya.com

만들고 www.mandulgo.com

문고리닷컴 www.moongori.com

나무이야기 www.namuiyagi.com

마이드림하우스 www.mydreamhouse.co.kr

바우앤홈 www.bauenhome.com

대신특수목재 www.wood21.co.kr

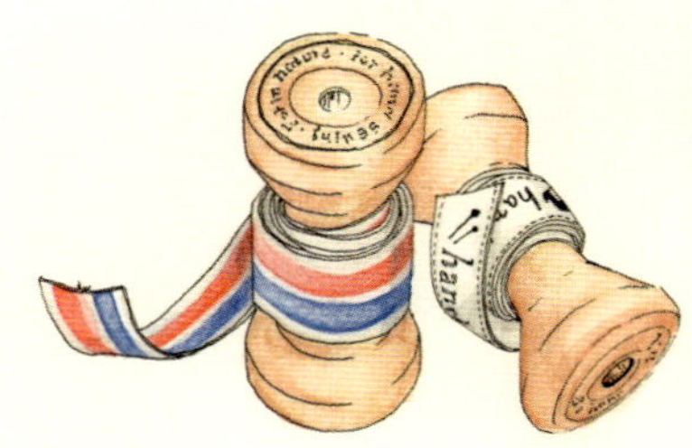

품에 쏘옥~

고양이야? 베개야?

날 따라해봐요, 요로케~

엄마 마음(사실은 오빤데;;)

패브릭과 가죽으로 꼼지락,
깜찍한 고양이용 소품
꽃뱀 장난감 • 내추럴 쥐돌이 • 니들펠트 공 • 이름표 목걸이
냥이 스카프 • 냥이 식탁 매트 • 장난감 보관함 • 바스락 종이 가방
양털 담요 • 꼬꼬 베개• 개구리 방석 • 구름 방석
원형 방석 • 지붕 하우스 • TV 하우스

꽃뱀
장난감

고양이들이 좋아하는 캣닢을 넣어 또르르 말려 재미있는 모양의 꽃뱀 장난감을 만들어보세요. 솔솔 풍기는 캣닢 향에 달려들어 물고 뜯다보면 금새 너덜너덜해질 수도 있어요.

# 꽃뱀 장난감 만들기

**완성 사이즈** 말아놓은 상태 12×15cm, 편 상태 길이 48cm
**재료** 몸통 – 스트라이프 면 원단 8×14cm 7장, 입 – 단색 면 원단 8×10cm 1장, 머리 – 스트라이프 면 원단 8×8cm 2장
**부재료** 캣닢 가루, 방울솜 적당량

## 1 재단하기

사이즈에 맞춰 원단을 준비합니다. 연결 부분의 시접은 모두 1cm로 합니다.

## 2 몸통 연결하기

몸통에 쓰일 원단 7장을 겉끼리 맞대고 시접 1cm를 남기고 나란히 박음질해 모두 연결합니다.

## 3 바느질하기

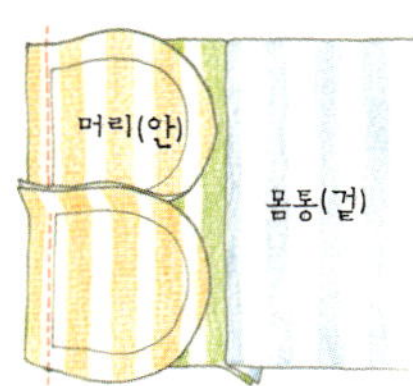


1: 재단된 머리 2장을 몸통에 박음질로 연결합니다.

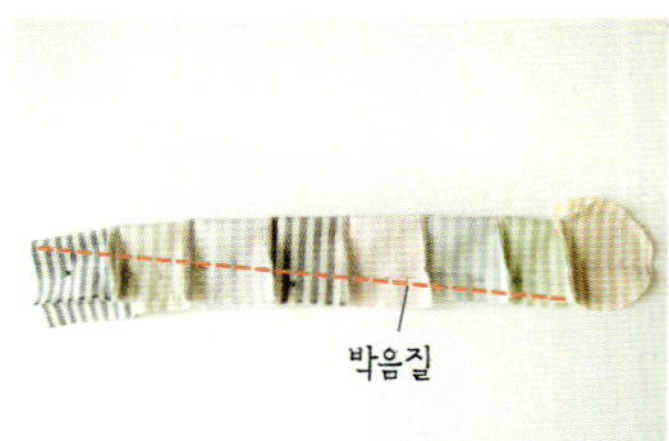


2: 몸통을 반으로 접어 머리부터 꼬리까지 사선으로 좁아지도록 완성선을 그리고 시침핀으로 고정합니다.

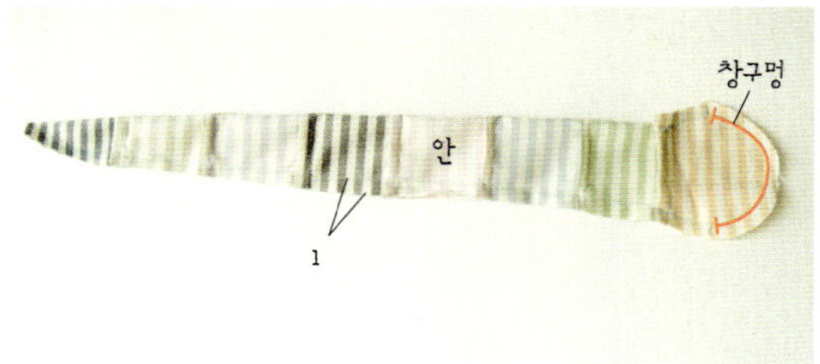


3: 머리 쪽을 창구멍으로 남기고 완성선을 따라 박음질한 후 시접 1cm를 남기고 잘라서 정리합니다.

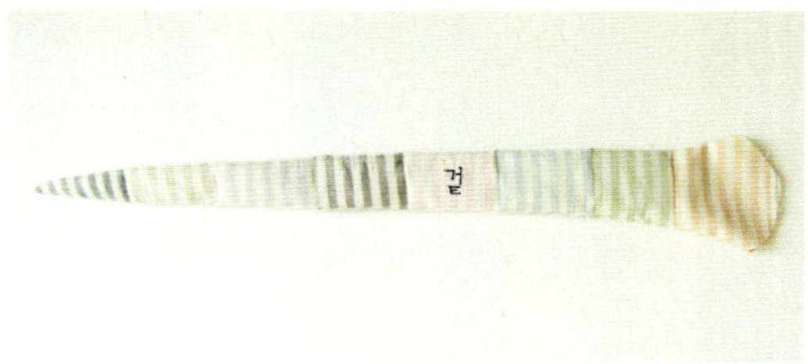


4: 뒤집어줍니다. 길고 뾰족한 도구를 이용해 끝 부분의 모양을 살려줍니다.

### 4 캣닢 주머니 만들기

비닐 봉투에 적당량의 캣닢을 넣은 뒤 입구를 막고 시침핀으로 봉투를 찔러 작은 구멍을 여러 개 내줍니다.

### 5 솜 넣기

창구멍을 통해 솜을 반쯤 채우고 몸통 중간 지점에 캣닢 주머니를 넣은 다음 머리 부분까지 솜을 채워줍니다.

### 6 창구멍 막기

입으로 쓰일 원단을 창구멍에 대고 시접을 안쪽으로 접어 넣은 후 공그르기 하여 막아줍니다.

### 7 얼굴 표현하기

자수실을 이용해 뱀의 눈과 코, 혀를 표현합니다.

**tip**

얼굴을 표현할 때는 먼저 여분을 길게 남겨 매듭 지은 자수실을 뱀의 입 중간에 찔러 넣고 머리 위를 통과시켜 코와 눈을 수놓습니다. 다시 입 중앙으로 바늘을 빼고 매듭 지은 후 2cm 간격으로 다시 매듭을 짓고 실을 잘라줍니다. 마지막으로 길게 남겨둔 시작 부분에도 2cm 간격의 매듭을 지은 후 잘라줍니다.

### 8 모양 잡기

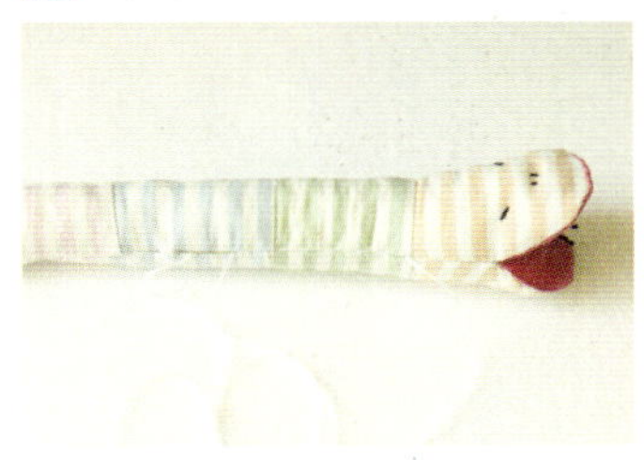

1: 몸통 옆면의 연결 부위를 따라 성글게 홈질합니다.

2: 홈질한 실을 주욱 잡아당겨 동그랗게 말리도록 모양을 잡아줍니다. 실의 시작과 끝부분은 매듭을 여러 번 짓고 원단을 통과시켜 매듭을 감춥니다.

내추럴
쥐돌이

고양이들의 무료한 일상을 달래줄 쥐돌이 친구들. 꼬리를 면끈으로 길게 만들어 입으로 물고 놀기 좋을 뿐 아니라 쥐나 새처럼 크기가 작은 동물을 사냥하고 싶어하는 본능을 채워준답니다. 시중에 판매되는 쥐돌이보다 조금 크게 만들어서 걸핏하면 가구 밑으로 들어가 사라져버리는 일이 적을 거예요.

# 내추럴 쥐돌이 만들기

**완성 사이즈** 몸통 9×6cm, 꼬리 길이 6cm
**재료** 귀 – 인조 가죽 5×5cm 2장, 머리 – 면 9×7cm 2장, 몸통 – 황마 9×8cm 2장
**부재료** 면끈 12cm, 방울솜 적당량, 캣닢 가루

## 1 재단하기

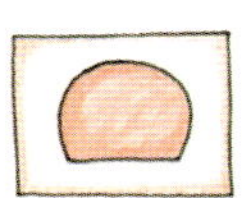

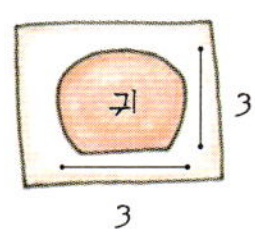


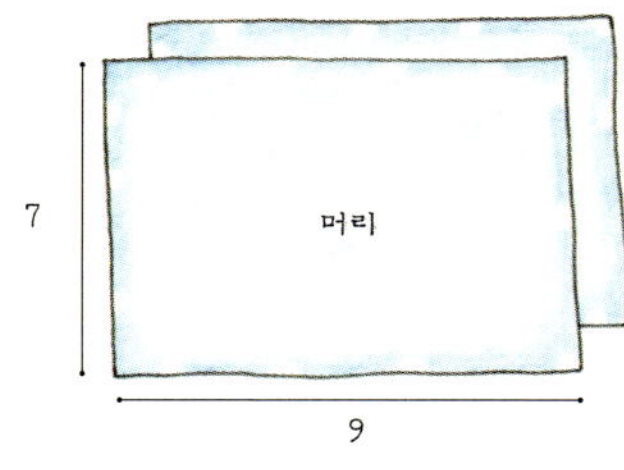


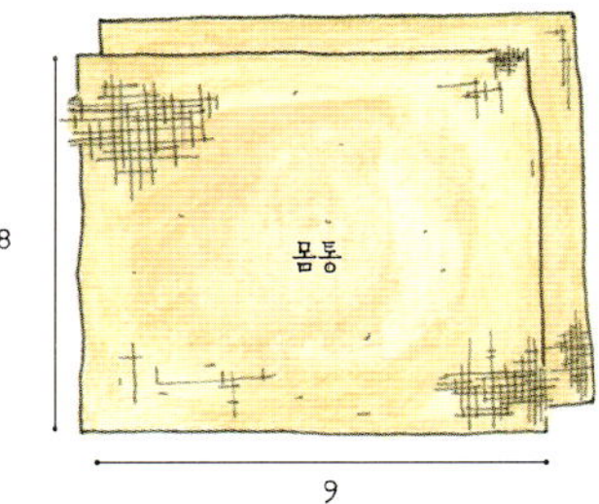


사이즈에 맞춰 원단을 준비합니다. 가죽은 귀 모양으로 둥그스름하게 재단해놓습니다.

## 2 바느질하기

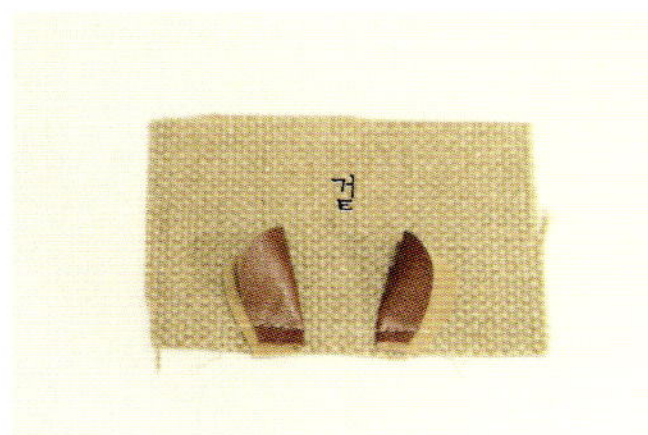


1: 재단해놓은 귀를 반으로 접어 몸통이 될 황마 원단의 긴 면에 사진과 같이 박음질합니다.

2: 면 원단과 황마 원단의 겉끼리 맞대고 시접 1cm를 남기고 박음질하여 연결합니다.

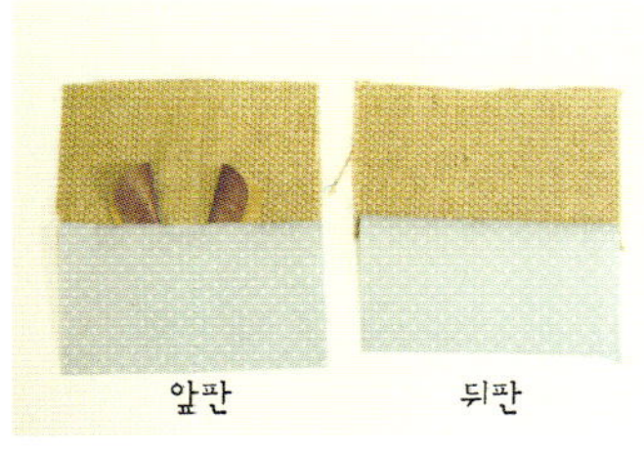


3: 뒤판(쥐들이 배 부분)도 동일한 방법으로 연결하여 준비합니다.

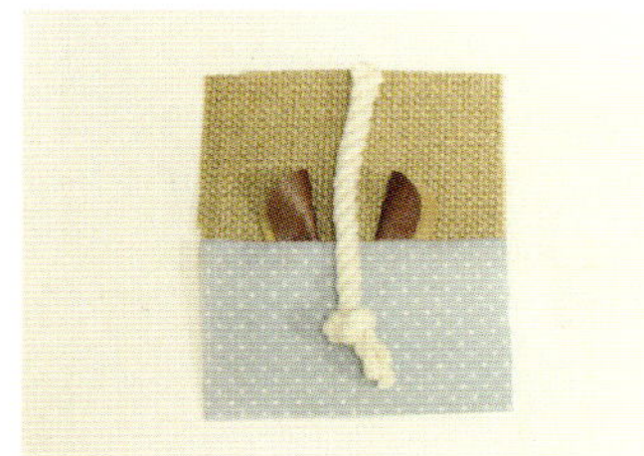

4: 면끈을 사진과 같은 방향으로 놓고 원단의 겉끼리 마주보도록 뒤판을 덮어줍니다.

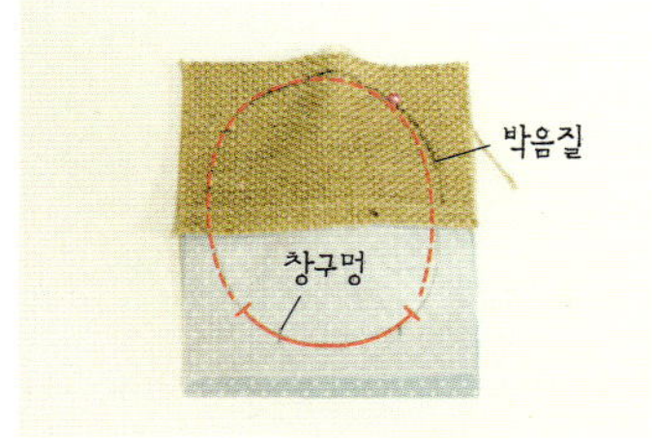


5: 타원형의 완성선을 그린 다음 머리 쪽에 5cm의 창구멍을 남겨놓고 박음질합니다. 시접을 1cm로 정리하고 뒤집으면 꼬리와 귀가 달린 쥐 모양이 됩니다.

### 3 캣닙 주머니 만들기

작은 비닐 봉투에 캣닙 가루를 넣은 뒤 입구를 막고 시침핀으로 구멍을 냅니다.

**tip**

캣닙(Catnip, Catenep, Catmint)은 동·서아시아, 유럽이 원산지인 허브의 종류로 고양이가 좋아해서 이런 이름이 붙었다고 합니다.
고양이 사료에 섞어주면 식욕이 좋아지고 잠자리에 살짝 뿌려주면 신경안정제와 같은 효과를 볼 수 있습니다. 모든 고양이가 캣닙에 반응을 보이는 것은 아니며 개묘마다 반응의 정도에도 차이가 있습니다.

### 4 솜 넣기

1: 창구멍으로 솜과 캣닙 주머니를 넣습니다. 솜이 캣닙을 감싸는 느낌으로 넣어줍니다.

2: 창구멍을 공그르기로 막아줍니다.

### 5 얼굴 표현하기

1: 얼굴 부분에 초크펜으로 표정을 그려줍니다. 자수실을 매듭지어 접혀진 귀 원단 안으로 찔러서 시작 매듭을 감추고 눈이 될 부분으로 빼냅니다. 눈과 입 등을 표현해준 뒤 반대편 귀 사이로 실을 빼내 매듭지어줍니다.

완성!

2: 다양한 표정의 쥐돌이 여러 마리를 만들어보세요.

니들
펠트공

공처럼 움직이는 장난감을 좋아하는 냥이들에게 안성맞춤! 니들펠트 소재로 만들어 손톱 발톱으로 무언가 뜯는 걸 좋아하는 냥이들에게 만족감을 줄 수 있습니다.

# 니들펠트 공 만들기

**완성 사이즈** 6×6cm
**재료** 코리데일 양모 56수 노란색 10g, 갈색, 흰색, 검정색, 연갈색 소량
**부재료** 양모 바늘, 니들펠트용 펀칭대(스펀지)

## 1 재료 준비하기

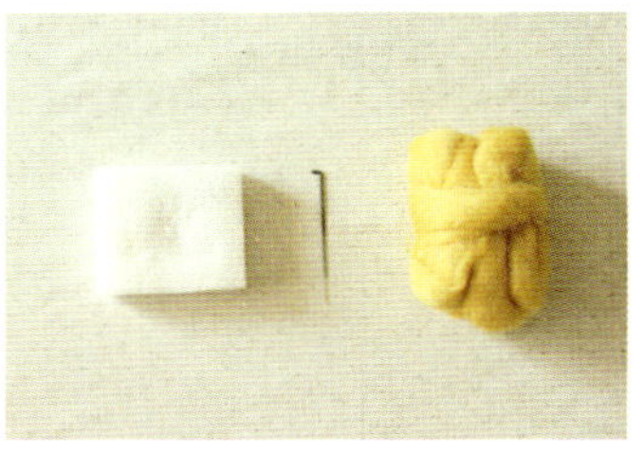

니들펠트용 펀칭대와 특수 바늘, 양모를 준비합니다.

## 2 공 모양 만들기

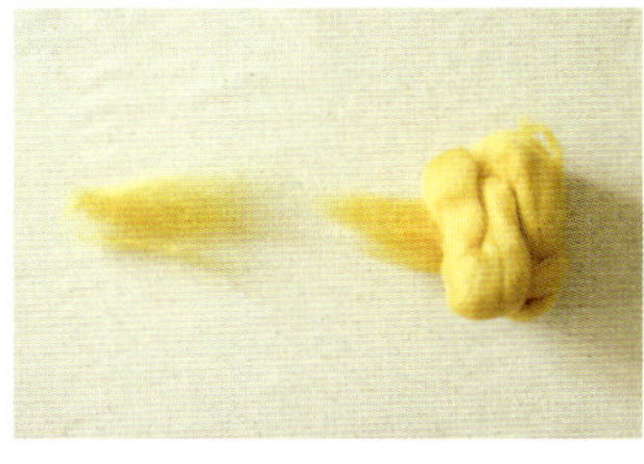

1: 양모 털뭉치를 손으로 찢듯이 하여 적당량을 뜯습니다.

2: 뜯는 것을 여러 번 반복해서 양모를 겹겹이 쌓습니다.

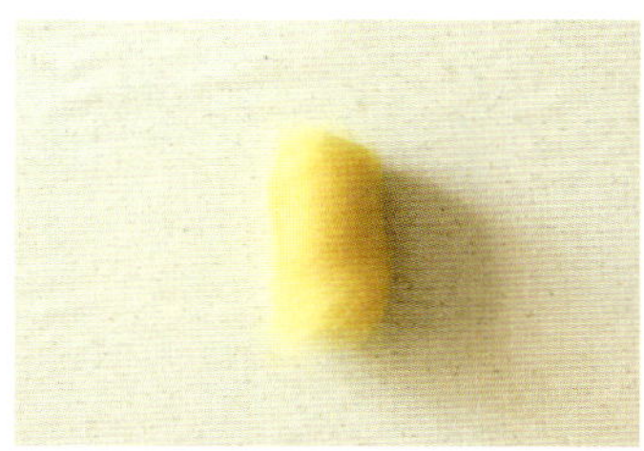

3: 쌓아놓은 양모를 끝에서부터 돌돌 말아 둥글게 뭉칩니다

4: 충격이 완화되도록 펀칭대에 양모 뭉치를 올려놓고 바늘로 수차례 찔러가며 모양을 둥글게 잡아줍니다.

5: 골고루 방향을 돌려가며 찔러주는 것이 중요하며, 바늘은 반드시 수직으로 세워서 사용합니다.

니들펠트는 요철이 있게 특수 제작된 바늘로 양모 뭉치의 사방을 돌려가며 콕콕 찌르면 양모 가닥끼리 서로 엉기면서 단단해져 모양이 만들어지는 원리입니다. 공 모양 대신 좀 더 큰 인형 모양으로 장난감을 만들어줘도 냥이들이 좋아해요.

## 3 얼굴 표현하기

1: 갈색 양모를 적당량 뜯어서 공의 가운데에 놓고 테두리 등을 잘 정리하면서 바늘로 찔러 둥근 모양으로 고정합니다.

2: 흰색과 검은색 양모를 차례로 소량씩 뜯어 눈을 만들어줍니다.

3: 연갈색 양모와 흰색 양모를 뜯어서 코와 입을 표현해줍니다.

4: 귀도 같은 방법으로 고정한 뒤 손톱가위 등으로 공 표면을 깔끔하게 정리해줍니다.

완성!

5: 여러 가지 색 양모로 다양한 표정의 고양이 얼굴을 표현해보세요.

이름표
목걸이

냥이들은 몸을 구속하는 것을 싫어해서 목걸이를 처음 착용하면 의기소침해지거나 거부 반응을 보이지만 대부분은 시간이 조금 지나면 적응한답니다. 외출할 때에는 혹시 모를 불상사를 막기 위해 이름표 목걸이를 달아주는 것이 좋아요. 주머니 속에 집사의 이름과 연락처를 적은 쪽지를 넣어두는 것이 필수!

# 이름표 목걸이 만들기

**완성 사이즈** 목줄 13×8cm, 이름표 4×4cm
**재료** 천연 소가죽 줄 길이 28×폭 1.5cm 1개, 인조 가죽 원단 20×10cm 1장
**부재료** 여밈 도트 1개, O링(1cm) 1개, 아일렛, 아일렛 기구(구멍 펀치, 바닥 몰드, 누름쇠), 펀칭 보드, 고무 망치, 송곳

## 1 가죽줄 재단하기

반려묘의 목둘레 치수를 잰 후 목둘레에서 3cm 정도의 여유를 두고 재단합니다. 가위로 끝을 둥글게 정리해줍니다.

## 2 잠금 장치 만들기

1: 목둘레 사이즈에 맞춰 구멍 뚫을 곳을 표시합니다(한쪽 끝에 2~3개, 다른쪽 끝에 1개). 펀칭 보드 위에 가죽줄을 올려놓고 뚫을 곳에 구멍 펀치를 댄 다음 고무 망치로 두드려 구멍을 뚫어줍니다.

2: 여밈 도트의 암놈과 수놈을 가죽줄에 부착합니다. 나사형으로 되어 있어 손으로 돌려 잠글 수 있습니다.

3: 구멍에 여밈 도트를 끼우면 목줄이 완성됩니다.

## 3 이름표 고리 만들기

1: 가죽줄의 가운데 지점에 송곳으로 작게 구멍을 내고 O링을 끼웁니다.

## 4 이름표 만들기

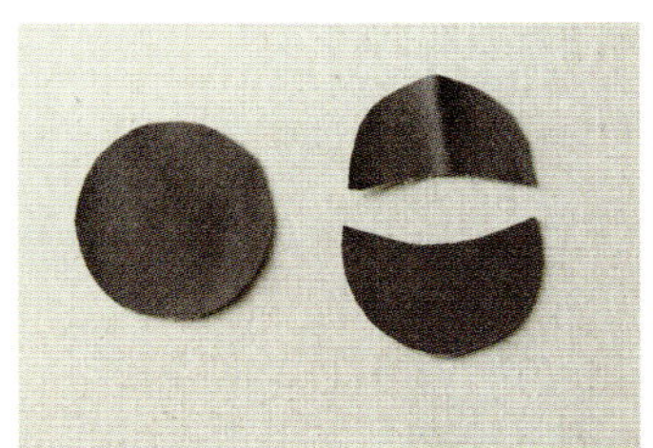

1: 인조 가죽 원단에 지름 5cm의 원과 초승달 모양 2개를 그리고 재단합니다.

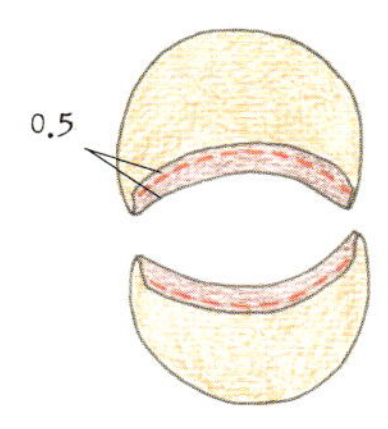


2: 초승달 모양의 오목한 부분을 0.5cm 접어 홈질합니다. 가위집은 따로 내지 않습니다.

3: 초승달 모양 2개를 원형 원단에 걸끼리 맞대고 동그랗게 박음질합니다.

4: 뒤집어서 모양을 잡아줍니다.

5: 원 둘레의 0.2cm 안쪽으로 동그랗게 박음질합니다.

아일렛은 크기별로 1호부터 21호까지 있으며 숫자가 커질수록 사이즈가 커집니다. 아일렛 기구도 아일렛의 호수에 따라 다르게 사용해야 합니다 .주로 많이 사용하는 호수는 2호와 3호입니다.

## 5 아일렛 달기

1: 구멍 펀치로 이름표 위쪽에 구멍을 뚫어줍니다.

2: 아일렛의 수놈을 이름표 뒤로 튀어나오게 꽂고 바닥 몰드에 올린 후 아일렛 암놈을 그 위에 올립니다.

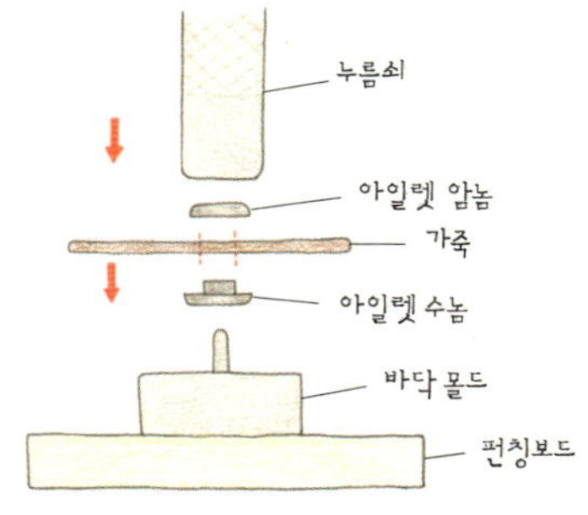

3: 누름쇠를 두드려 아일렛을 고정합니다.

## 6 마무리하기

이름표 앞면에 자수실로 반려묘의 이름을 새기고 목줄에 달아 완성합니다. 주머니에 집사의 연락처를 적은 쪽지를 넣어줍니다.

냥이
스카프

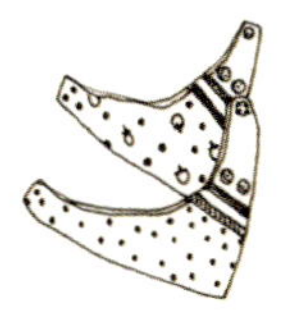

강아지와 달리 냥이들은 옷이나 모자처럼 몸에 걸치는 것들을 좋아하지 않아요. 그럼에도 손님이 오거나 멋을 부려 사진 찍고 싶은 날처럼 특별한 날에는 냥이를 예쁘게 꾸며주고 싶어지죠. 심플한 스카프 하나만 걸쳐도 냥이의 미모와 사랑스러움이 한껏 업그레이드될 거예요!

# 냥이 스카프 만들기

**완성 사이즈** 가로 23×세로 17cm (4~5kg 정도의 성묘에게 맞는 사이즈)
**재료** 민트 도트무늬 리넨 25×19cm 1장, 화이트 도트무늬 리넨 14×14cm 1장,
베이직 리넨 25×19cm 1장, 접착심지 23×17cm 1장
**부재료** 리넨 줄무늬 테이프 10cm, 장식 단추 2개, 똑딱 단추 1쌍

## 1 재단하기

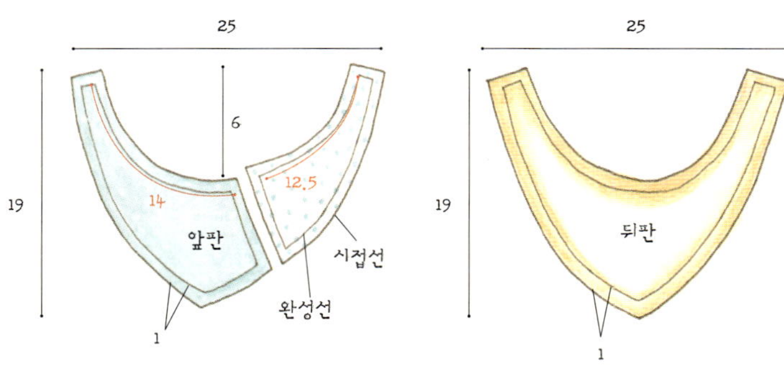


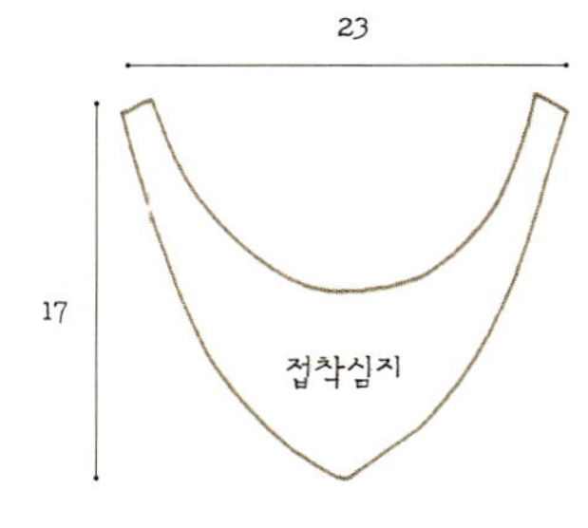


사이즈에 맞게 원단에 완성선을 그리고 시접 1cm를 두고 재단합니다. 접착심지는 완성선에 맞춰 재단합니다.

## 2 앞판과 뒤판 연결하기

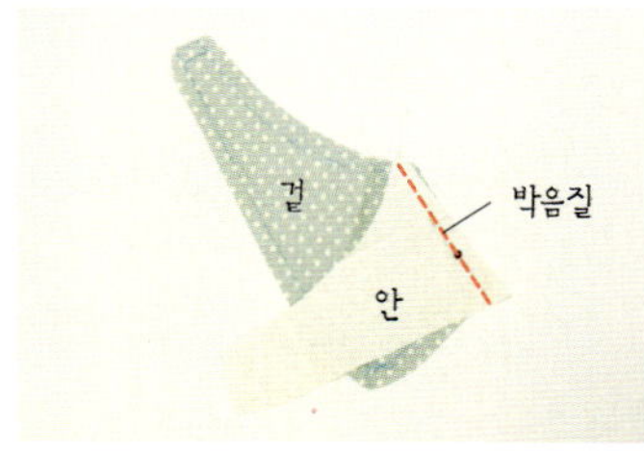


1: 민트색 도트 리넨 위에 흰색 도트 리넨을 겉끼리 마주보게 겹쳐서 박음질합니다.

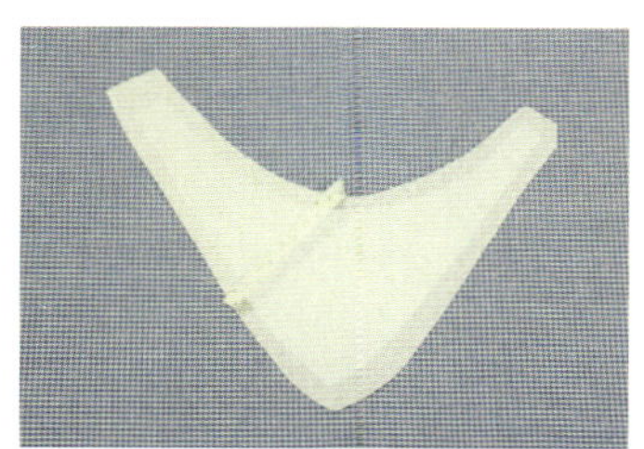

2: 앞판의 연결 부분을 가름솔로 하고 안쪽에 접착심지를 다림질하여 붙여 줍니다. 까끌까끌한 쪽이 원단에 닿도록 합니다.

접착심지를 카라나 소매, 안단, 밑단 등 모양을 잡아주고 싶은 곳에 대주면 빳빳하고 힘이 생겨 늘어나거나 틀어지지 않습니다. 접착심지나 접착솜을 다림질하여 부착할 때는 얇은 원단을 위에 대주고 다림질하여 눌러 붙는 것을 방지하도록 합니다.

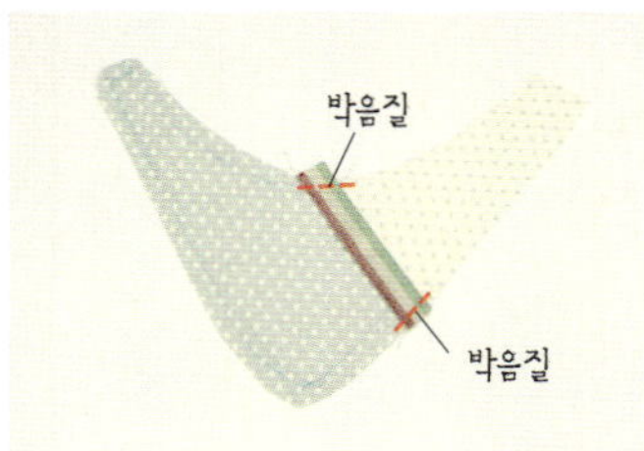


3: 앞판 겉면의 연결 부위 위에 줄무늬 테이프를 사선으로 놓고 테이프 양 끝을 박음질하여 앞판에 고정합니다.

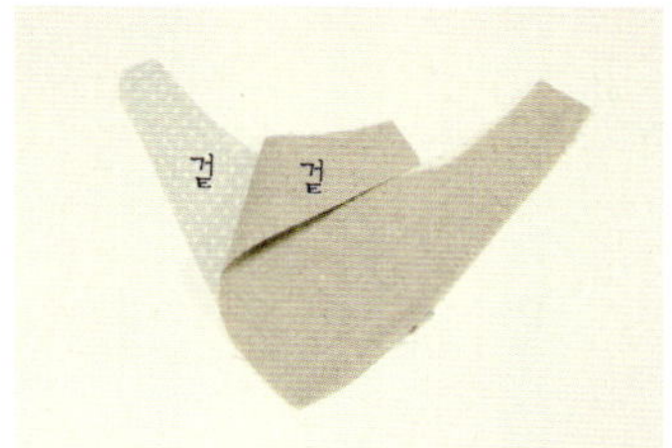


4: 앞판과 뒤판이 겉끼리 마주보게 놓고 시침핀으로 고정합니다.

5: 창구멍 7cm를 남기고 완성선을 따라 박음질합니다.

## 3 단추 달기

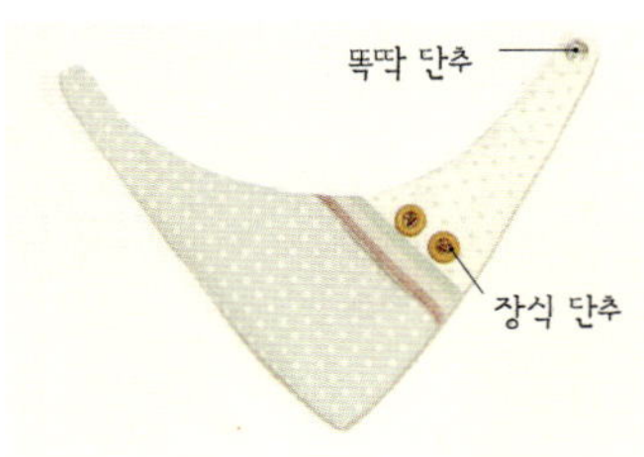


1: 뒤집어서 공그르기로 창구멍을 막아준 다음 테이프 위로 단추를 달아 장식합니다.

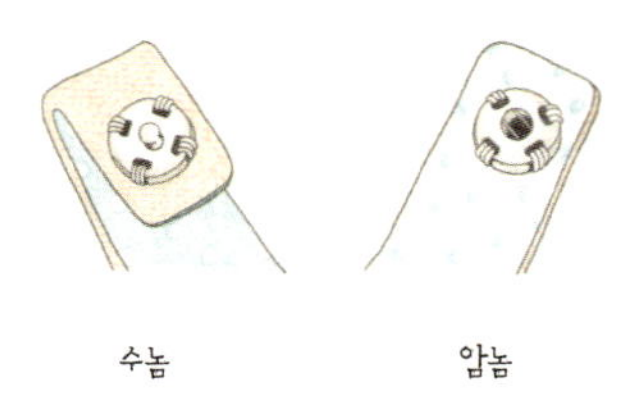


2: 스카프 양쪽에 똑딱 단추 암놈과 수놈을 달아주고 다림질하여 마무리합니다.

냥이
식탁 매트

고양이들은 사료를 먹다가 바닥에 흘리는 일이 많아요. 건강하고 위생적인 식사를 위해 식탁 매트를 깔아주는 것이 좋습니다. 그릇이나 식탁이 밀려 사료가 엎어지는 것을 막기 위해 아랫면에는 미끄럼방지 원단을 사용해주세요. 식사 시간 외에는 냥이들이 깔고 앉아 쉬기도 한답니다.

# 냥이 식탁 매트 만들기

**완성 사이즈** 가로 54×세로 46cm
**재료** 앞판 – 무늬 리넨 54×46cm 1장, 바이어스 – 심플 체크 리넨 58×8cm 2장, 50×8cm 2장, 뒤판 – 미끄럼 방지 원단 54×46cm 1장
**부재료** 4온스 접착솜 54×46cm 1장, 라벨

## 1 재단하기

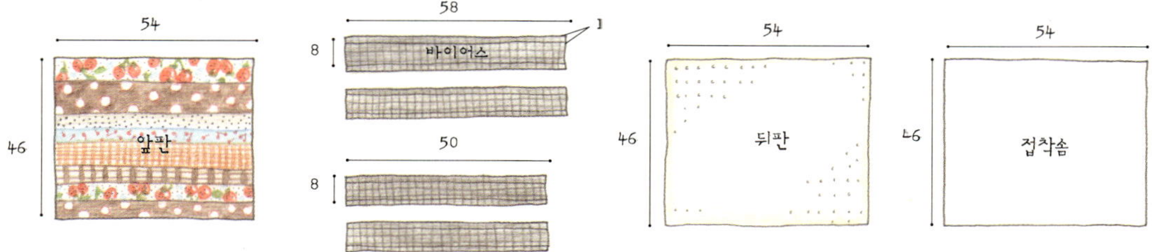


사이즈에 맞춰 리넨 원단, 접착솜, 미끄럼 방지 원단을 재단합니다.

## 2 매트 고정하기

1: 무늬 리넨 안쪽에 다림질로 접착솜을 부착합니다.

2: 세탁했을때 접착솜이 분리되지 않도록 일정한 간격으로 박음질해줍니다.

3: 미끄럼 방지 원단의 오돌토돌한 면이 바깥으로 오도록 무늬 리넨을 덮고 양옆을 박음질하여 고정합니다.

## 3 바이어스 만들기

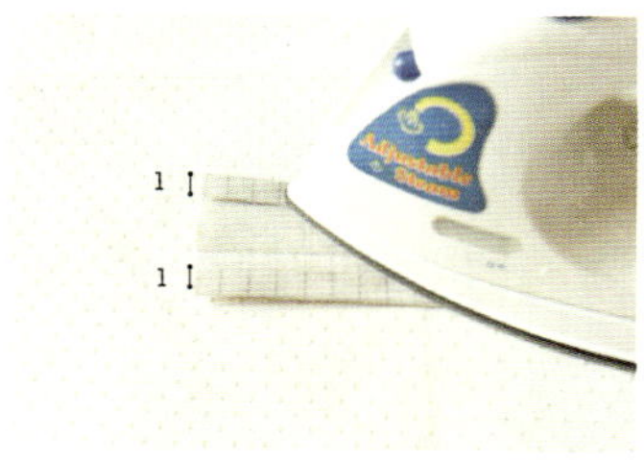


1: 체크 리넨의 양옆을 각각 1cm씩 안으로 접어 다림질합니다.

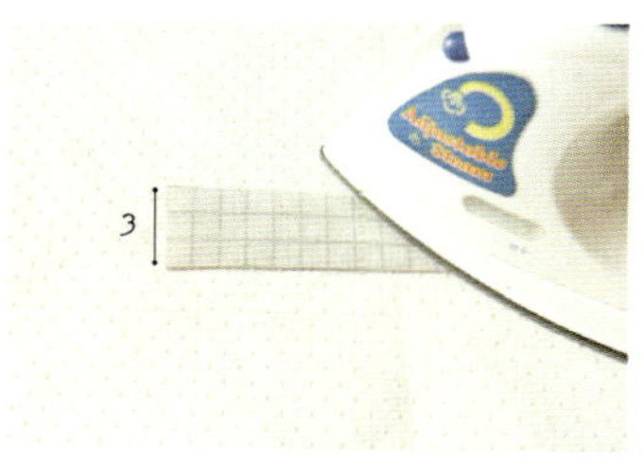


2: 시접이 안으로 들어가게 반으로 접어 다림질합니다. 바이어스의 완성 폭은 3cm입니다.

**tip**

직선 부분을 박기 때문에 바이어스 방향이 아니라 잘 늘어나지 않는 식서나 푸서 방향으로 재단해서 사용해도 됩니다. 여기에서는 체크 무늬를 살리기 위해 바이어스를 식서 재단하였습니다. 곡선에 두를 경우에는 바이어스 방향으로 재단해야 합니다.

### 4 매트에 바이어스 달기

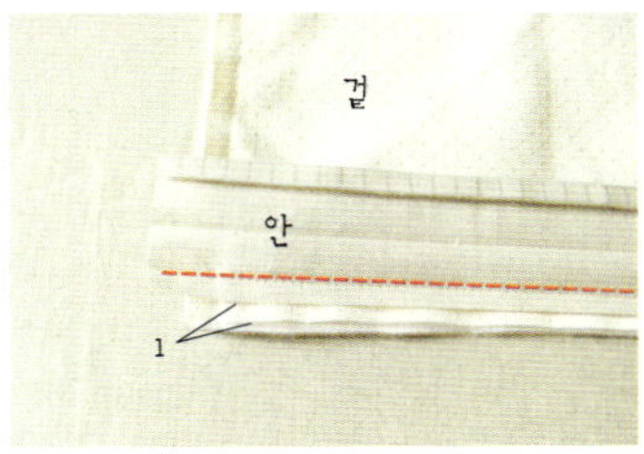


1: 미끄럼 방지 원단의 끝단으로부터 1cm 안쪽에 바이어스를 대고 시침핀으로 고정합니다. 바이어스의 접힌 선을 따라 박음질합니다.

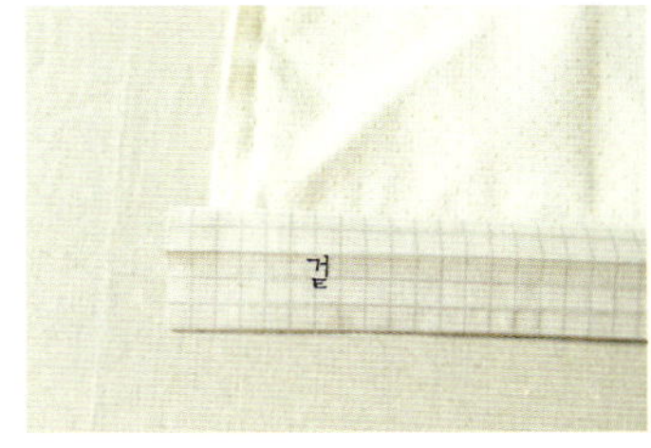


2: 박음선을 기준으로 접어 바이어스 겉면이 보이게 합니다.

3: 앞판이 보이도록 뒤집은 다음 바이어스를 원단 쪽으로 꺾고 시접을 안으로 접어 넣어 시침핀으로 고정합니다.

4: 바이어스 끝에서 0.2cm 안으로 박음질합니다. 손바느질일 경우 공그르기로 해도 됩니다.

5: 네 면을 같은 방법으로 바느질한 다음 모서리는 여유분을 안으로 접어 넣어 박음질합니다.

### 5 마무리하기

모서리에 라벨을 달아 완성합니다.

**바이어스를 길게 하나로 재단했을 때 모서리 처리 방법**

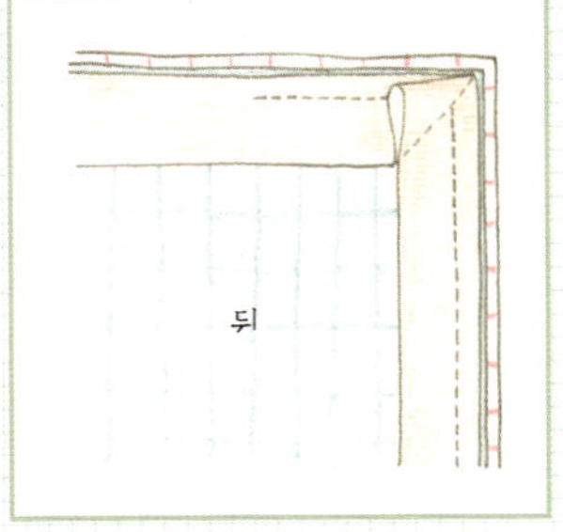


1. 몸판의 모서리와 바이어스 모서리를 맞춰 그림처럼 겹치게 한 뒤 겹친 부분을 빼고 바느질합니다.

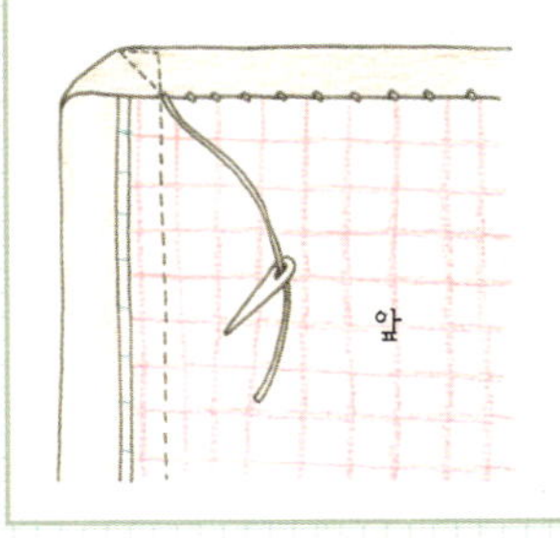


2. 뒤집어서 공그르기하고 모서리 부분은 삼각형 모양으로 접어서 공그르기합니다.

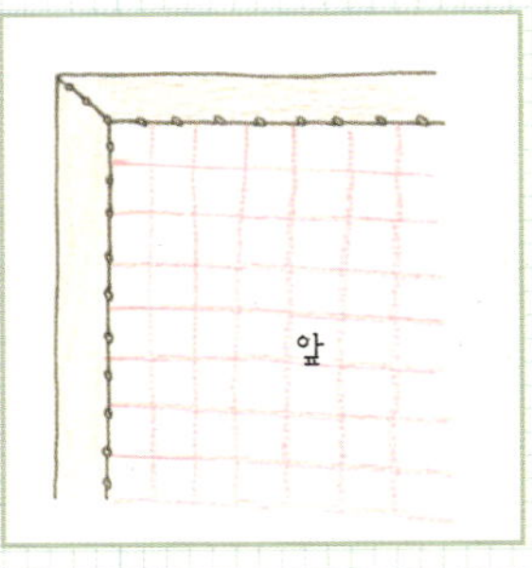


3. 한쪽을 먼저 눕히고 다른쪽을 눕히면 모서리 부분 각이 제대로 잡힙니다.

장난감
보관함

냥이가 클수록 하나둘씩 쌓여서 집안을 어지럽히는 장난감들을 정리할 수 있는 보관함이 필요해집니다. 그냥 빈 박스를 사용해도 되지만 동그란 모양의 귀여운 주머니를 만들어두면 장난감 말고 다른 소품을 정리할 때도 유용하게 쓰일 거예요.

# 장난감 보관함 만들기

**완성 사이즈** 가로 30×폭 30×높이 30cm

**재료** 겉감 – 블루 스트라이프 워싱 코튼 49×16cm 2장, 딸기 무늬 리넨 49×16cm 2장,
인조 가죽 원단 49×12cm 2장, 32×32cm 1장

안감 – 체크 코튼 리넨 49×16cm 2장, 베이직 리넨 49×26cm 2장,
베이직 리넨 32×32cm 1장, 4온스 접착솜 46×23cm 2장, 플라스틱 바닥재 30×30cm 1장

**부재료** 스트링 끈 180cm, 천연 가죽끈(폭 2cm) 10cm, 라벨

## 1 재단하기

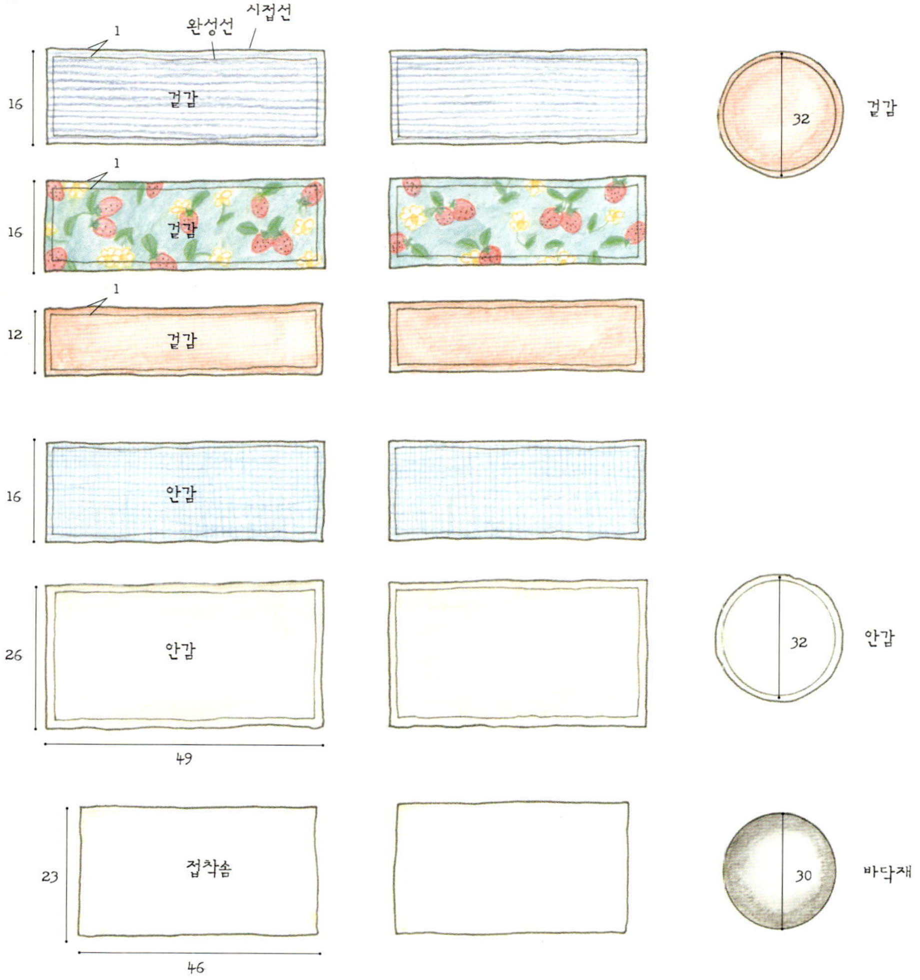

완성선
시접선
1
16
겉감
32
겉감
1
16
겉감
1
12
겉감
16
안감
26
안감
49
32
안감
23
접착솜
46
30
바닥재

사이즈에 맞춰 원단과 접착솜, 바닥재를 재단합니다. 제시된 치수는 사방의 시접 1cm를 포함한 치수입니다.

## 2 겉감 만들기

1: 재단한 겉감(스트라이프, 딸기 무늬, 가죽)을 겉끼리 맞대고 완성선을 따라 나란히 박음질하여 연결합니다. 같은 방법으로 하나 더 만듭니다.

냄비 뚜껑, 접시 등을 사용해서 원을 그려도 되지만 별다른 도구 없이도 쉽게 원을 그릴 수 있습니다. 빳빳한 종이를 잘라 원의 반지름 길이 양끝에 구멍을 뚫고 각각 펜이나 연필을 꽂습니다. 중심을 고정시킨 상태에서 연필을 한 바퀴 돌리면 원이 그려집니다.

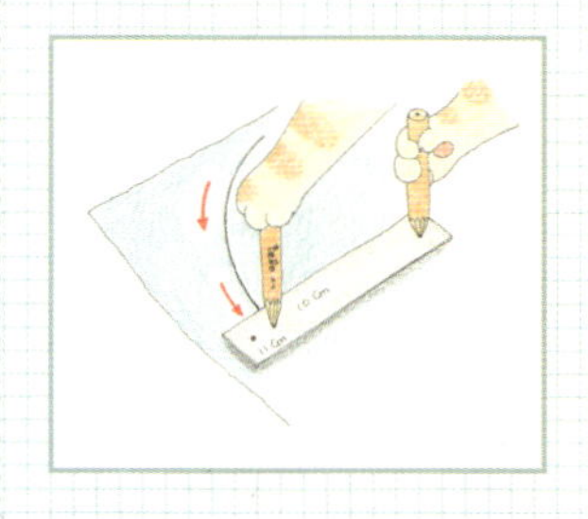

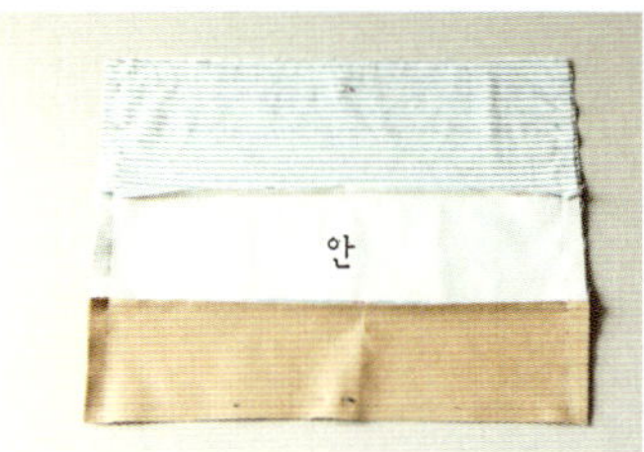

2: 앞판과 뒤판을 겉끼리 맞대고 양옆을 박음질합니다. 단 스트링 끈이 들어갈 구멍 2cm를 양옆에 남기고 박음질합니다(윗단으로부터 5cm 지점).

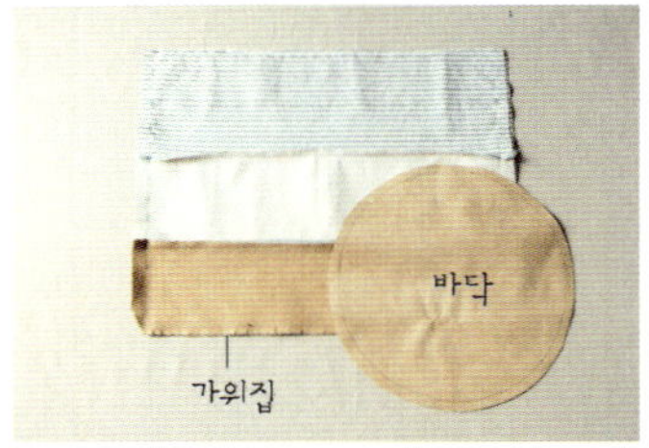


3: 둥글게 재단한 바닥과 연결할 밑단 시접 부분에 촘촘하게 가위집을 내줍니다.

4: 바닥의 겉면이 안으로 가게 하여 겉감의 밑단 둘레에 시침핀으로 고정합니다.

5: 완성선을 따라 박음질한 후 시접 0.5cm를 남기고 잘라냅니다.

## 3 안감 만들기

1: 직사각형으로 재단한 안감 중 리넨 원단 2장의 안쪽에 접착솜을 다림질하여 부착합니다.

2: 체크 원단과 리넨 원단의 겉끼리 맞대고 박음질하여 연결합니다. 같은 방법으로 하나 더 만듭니다.

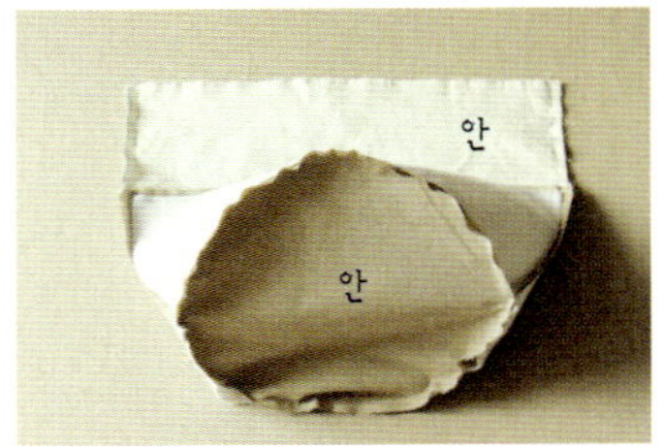


3: 안감 2장의 양옆을 박음질한 후 겉감과 같은 방법으로 몸판과 바닥을 연결합니다.

## 4 안감과 겉감 연결하기

1: 겉감을 뒤집어서 겉면이 밖으로 나오게 한 후 플라스틱 바닥재를 바닥에 깔아줍니다.

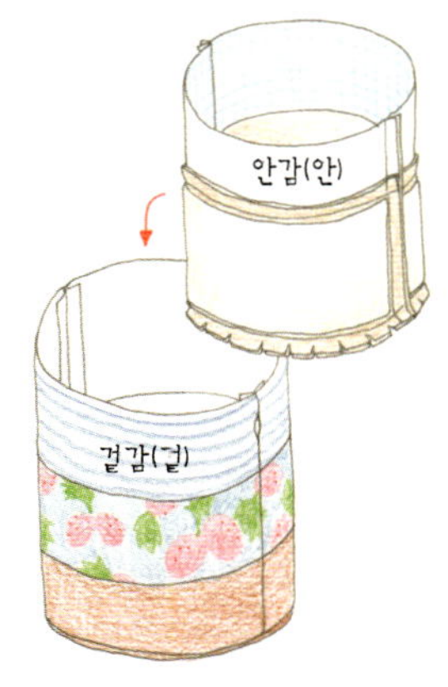


2: 안감을 겉감의 안으로 넣고 옆면의 연결 부위가 같은 위치에 오도록 맞춘 후 시침핀을 꽂아 고정합니다.

3: 안감과 겉감 입구의 시접을 안으로 1cm씩 접어 박음질합니다.

4: 스트링 끈을 넣을 길을 만들어줍니다. 옆선에 남겨놓은 구멍을 확인하고 2cm 가량의 간격을 두고 나란히 박음질을 두 줄 해줍니다.

## 5 마무리하기

1: 스트링 끈(90cm)을 옷핀 등을 이용하여 한쪽 구멍으로 넣어줍니다.

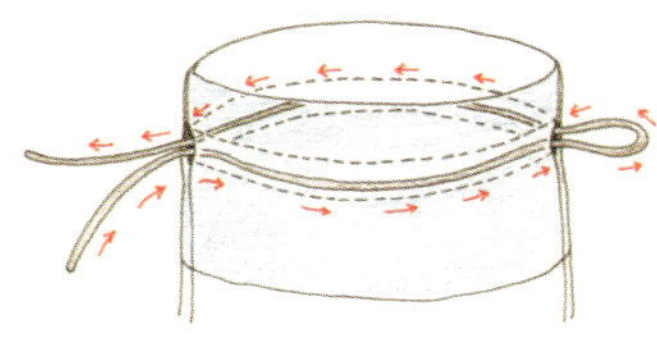

2: 스트링 끈을 한 바퀴 돌린 다음 바로 옆의 구멍으로 빼냅니다.

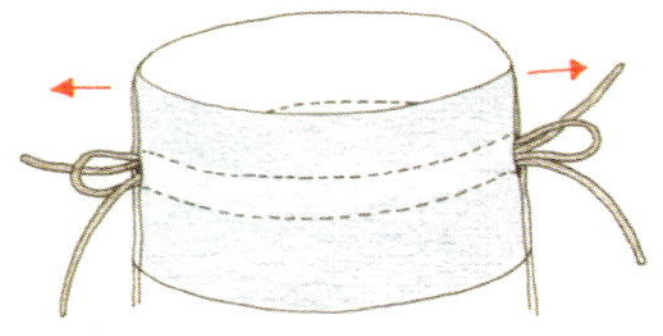

3: 나머지 스트링 끈(90cm)을 반대쪽 구멍에 넣어 같은 방법으로 통과시킵니다.

4: 타원형으로 재단한 가죽줄에 구멍 2개를 뚫고, 구멍 사이로 스트링 끈을 통과시킨 다음 매듭을 지어줍니다.

5: 반대쪽도 같은 방법으로 스트링 끈 끝을 정리하고 라벨을 달아 완성합니다.

바스락
종이가방

고양이는 주머니나 비닐 봉투가 있으면 일단 들어가고 봅니다. 거기다 바스락 소리가 나면 더욱 재미있어 한답니다. 크라프트 종이 원단은 종이처럼 바스락거리는 재질인데 물세탁과 다림질, 바느질이 가능해서 일반 원단처럼 사용할 수 있습니다. 빈티지한 느낌이 가득해서 집사의 외출용 가방으로도 활용할 수 있어요.

# 바스락 종이 가방 만들기

**완성 사이즈** 가로 54×세로 52×폭 10cm
**재료** 겉감 – 크라프트 종이 원단 56×45cm 2장, 안감 – 블루 체크 워싱 코튼 80×90cm 1장
**부재료** 라벨

## 1 재단하기

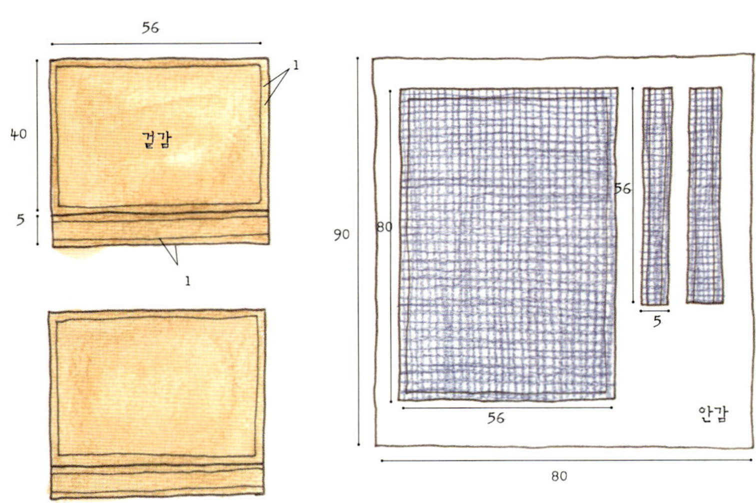


원단 안쪽에 사이즈에 맞춰 완성선을 그리고 시접을 1cm 두고 재단합니다.

## 2 겉감 만들기

1: 겉감으로 쓸 크라프트 종이 원단 2장의 윗단 시접을 접어놓습니다. 뾰족한 자 등을 이용해 미리 선을 그어주면 쉽게 접힙니다.

2: 겉감 2장을 겉끼리 겹쳐놓고 윗단을 제외한 옆선과 밑단을 완성선을 따라 박음질합니다.

3: 아랫부분의 양쪽 모서리를 접어 바닥면을 만듭니다.

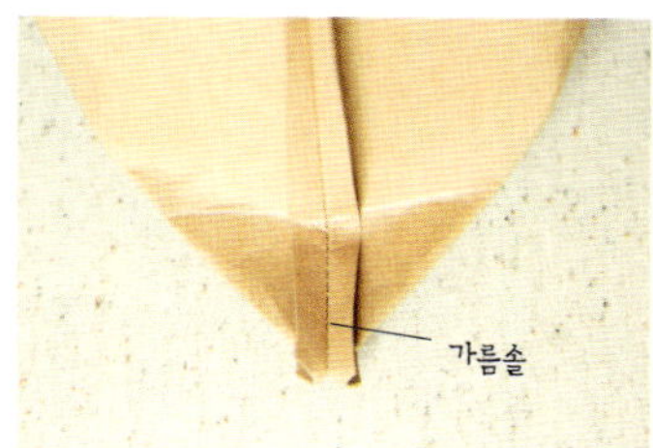


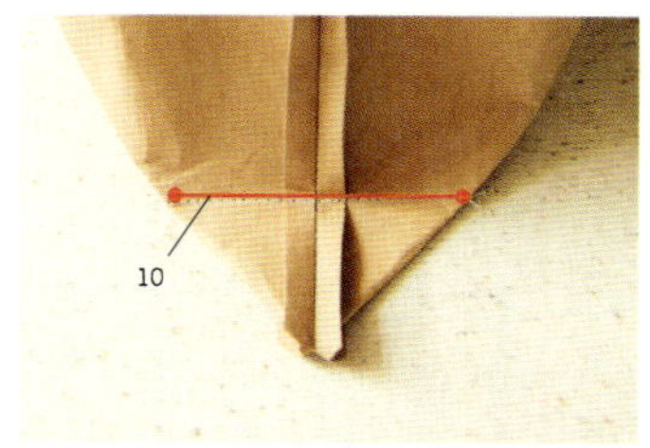


4: 옆선의 시접은 가름솔로 하고 접은 선의 길이가 10cm가 되는 지점에 선을 긋고 박음질합니다. 접은 선 길이만큼 가방의 바닥 폭이 나옵니다.

## 3 안감 만들기

1: 안감으로 쓸 체크 원단의 긴 면을 반으로 접어 양옆을 박음질합니다.

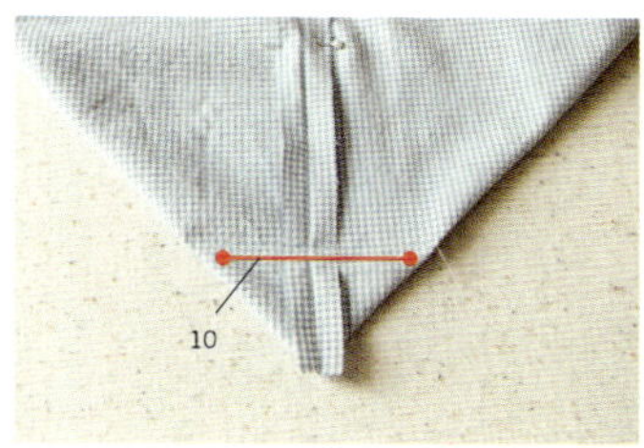


2: 겉감과 마찬가지로 양쪽 모서리를 접어 폭이 10cm 되는 지점을 박음질합니다.

3: 박음질하고 남은 삼각형 부분을 잘라서 정리합니다.

## 4 어깨끈 만들기

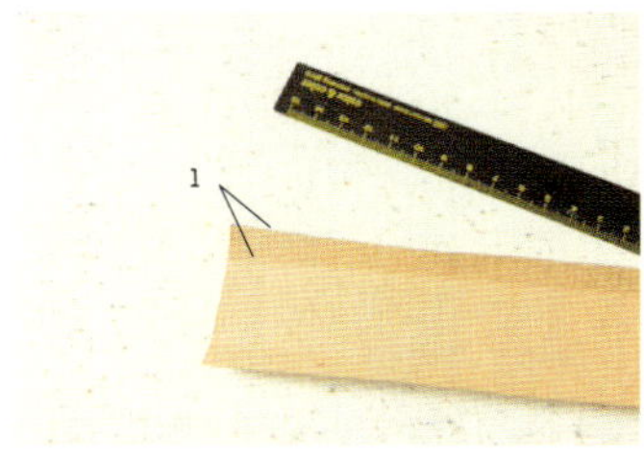

1: 어깨끈으로 쓰일 크라프트 종이 원단 2장의 양옆 시접 1cm를 접어놓습니다.

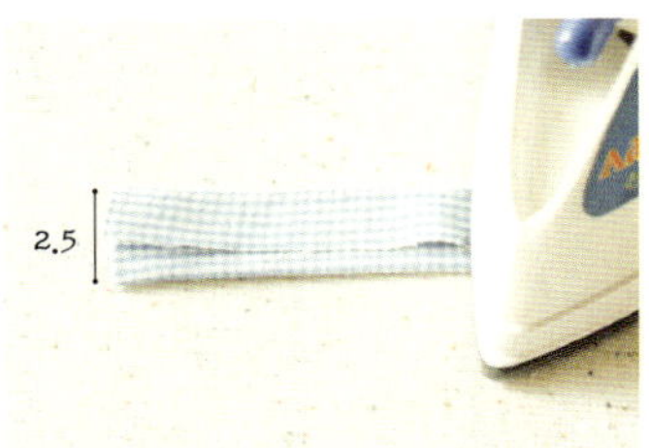


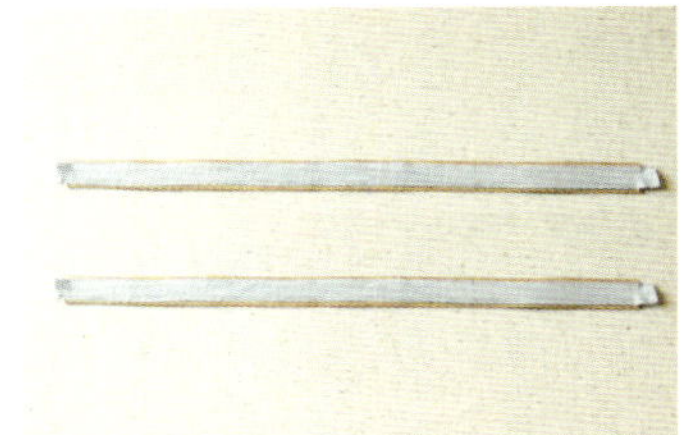

2: 재단한 체크 원단의 폭이 2.5cm가 되도록 양옆의 시접을 접어 다림질합니다.

3: 크라프트 원단과 체크 원단의 시접이 안으로 들어가게 맞대어 박음질합니다. 크라프트 원단이 양옆으로 살짝 보이게 합니다.

## 5 가방과 어깨끈 연결하기

1: 겉감의 안과 안감의 안이 마주보도록 끼워 넣습니다.

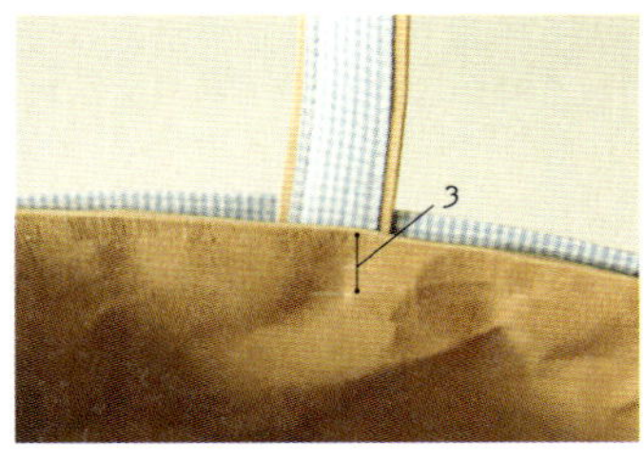

2: 준비한 어깨끈을 가방의 안감과 겉감 사이로 3cm 정도 들어가게 넣고 시침핀으로 고정합니다. 어깨끈 사이의 간격은 21cm가 적당합니다.

3: 가방의 안감과 겉감의 시접이 안으로 들어간 상태에서 어깨끈 네 곳을 박음질로 고정합니다.

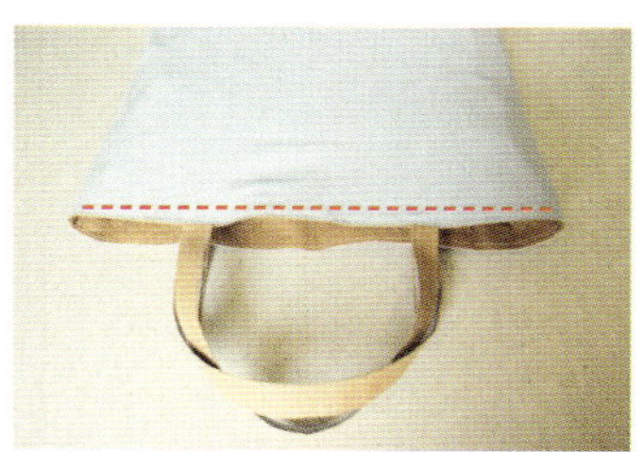

4: 가방의 입구를 박음질하여 겉감과 안감을 고정합니다.

5: 모서리 네 곳을 바느질하여 고정해 줍니다.

6 라벨 달기

크라프트 원단이 겉으로 오게 뒤집은 후 원하는 위치에 라벨을 달아 완성합니다.

양털
담요

냐옹이들이 좋아하는 보드보드하고 포근한 양털 원단으로 담요를 만들어주면 발라당 뒤집어져 몸을 비벼대거나 속으로 파고들어가 잠을 청하기도 합니다. 이렇게 사랑스러운 광경을 매일 마주치고 싶은 집사라면 지금 바로 담요를 만들어주세요.

# 양털 담요 만들기

**완성 사이즈** 가로 90×세로 75cm
**재료** 단면 양털 원단(덤블링) 90×75cm 1장, 쉐비 패치 리넨 90×75cm 1장, 30수 체크 워싱 코튼 94×8cm 2장, 79×8cm 2장

## 1 재단하기

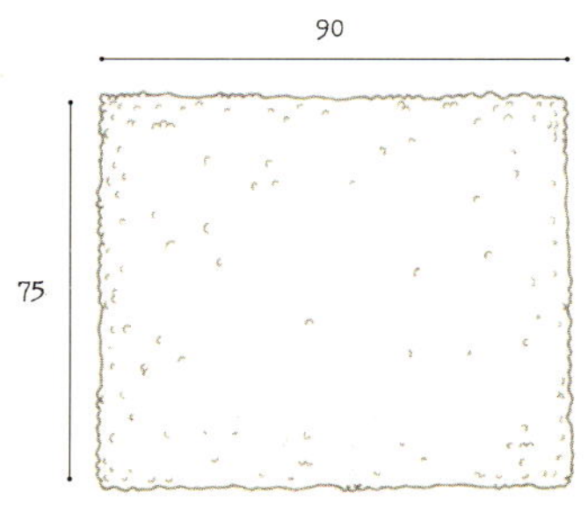


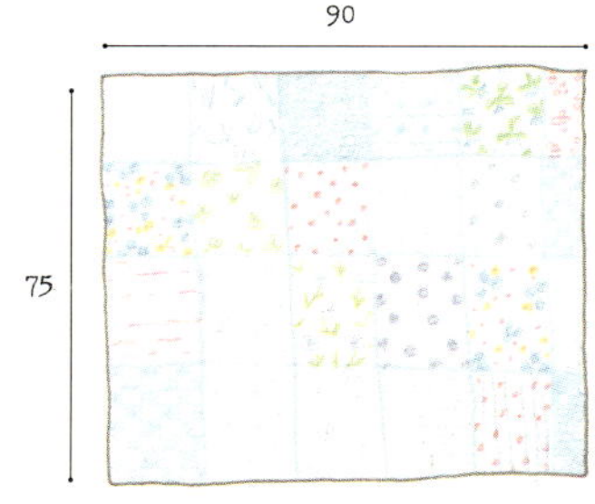


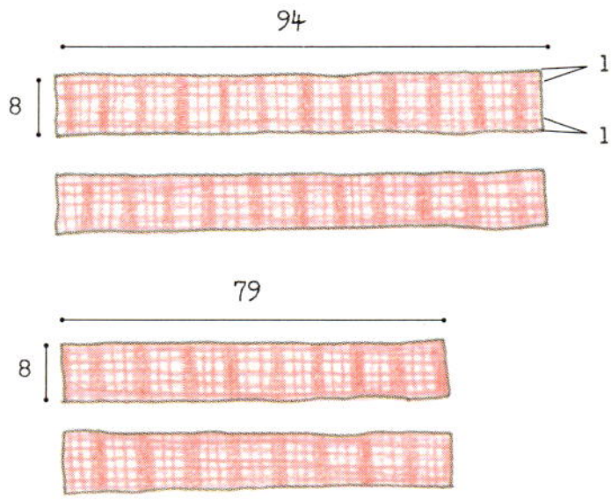


사이즈에 맞춰 원단을 재단합니다.

## 2 바이어스 만들기

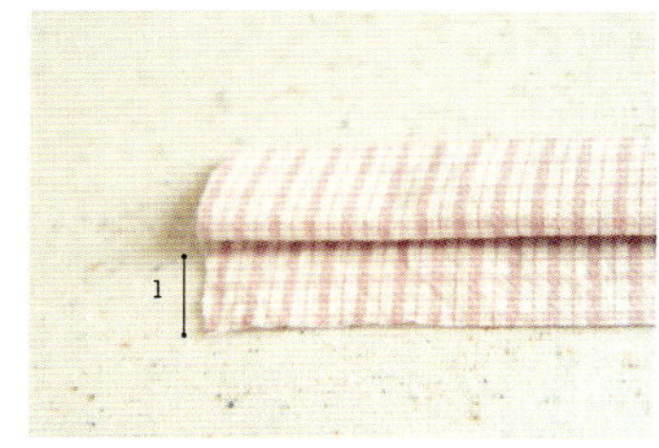

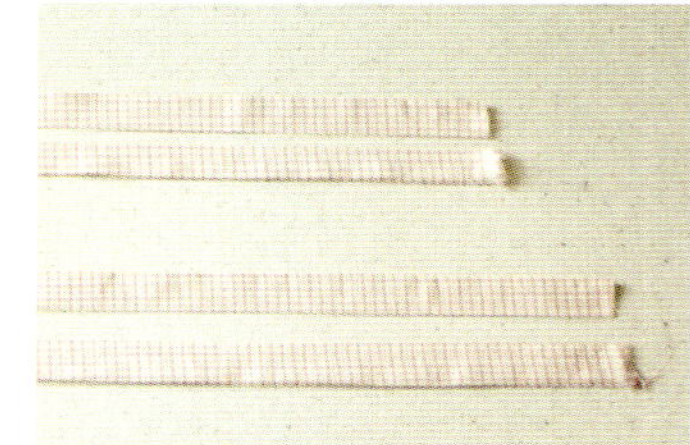

1: 체크 원단을 반으로 접은 후 양옆의 시접 1cm를 안으로 접어 다림질합니다.

2: 같은 방법으로 폭 3cm의 바이어스를 4개 완성합니다.

## 3 담요에 바이어스 달기

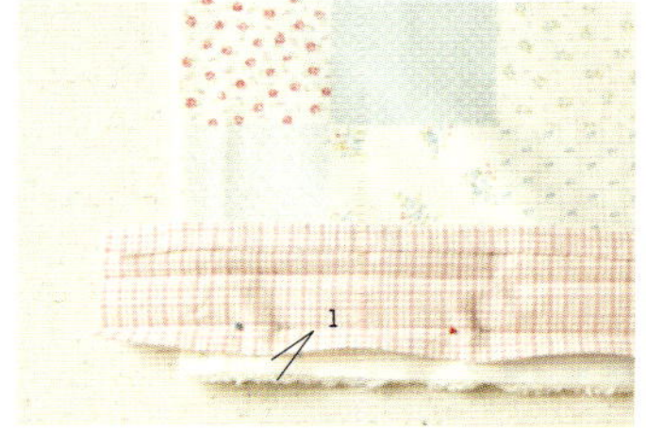


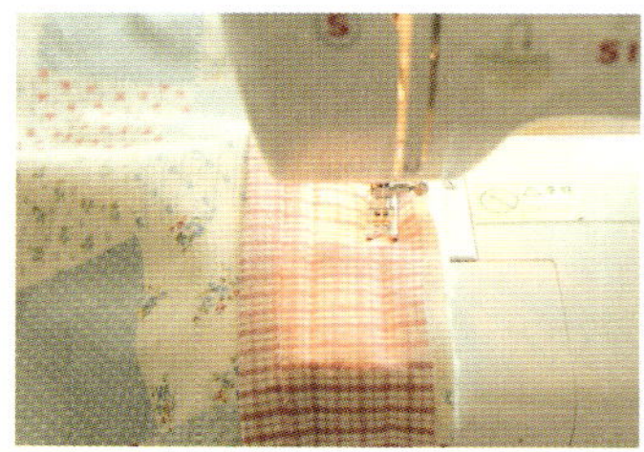

1: 양털 원단과 패치 원단을 안끼리 마주보게 하여 포개놓습니다.

2: 패치 원단의 끝단에서 1cm 안쪽으로 바이어스를 놓고 시침핀으로 고정합니다.

3: 바이어스의 접힌 선을 따라 박음질합니다.

4: 박음선을 기준으로 바이어스를 접고 담요를 뒤집어줍니다.

5: 양털 원단 위로 바이어스를 접어 올리고 시침핀으로 고정합니다.

6: 바이어스 끝단에서 0.3cm 정도 안으로 박음질합니다.

7: 같은 방법으로 네 면 모두에 바이어스를 답니다. 모서리는 사선으로 접어 넣어 시침핀으로 고정한 뒤 박음질합니다.

### 4 마무리하기

양털 원단 모서리에 라벨을 달아 완성합니다.

꼬꼬
베개

냥이들은 턱을 괴거나 머리를 받치고 있는 자세에 편안함을 느끼나봐요. 얼굴이나 머리가 쏙 들어가도록 안쪽에 둥근 홈을 만들어준 꼬꼬 모양의 베개로 냥이가 기분 좋은 꿈을 꿀 수 있게 해주세요.

## 꼬꼬 베개 만들기

**완성 사이즈** 가로 27×세로 25cm
**재료** 몸통 – 크림색 타올지 35×60cm 1장, 날개 – 노란색 꽃무늬 면 18×13cm 1장
벼슬 – 빨간색 체크 면 10×20cm 1장, 부리 – 주황색 줄무늬 면 5×10cm 1장
**부재료** 방울솜 300g, 리넨 테이프, 라벨

### 1 재단하기

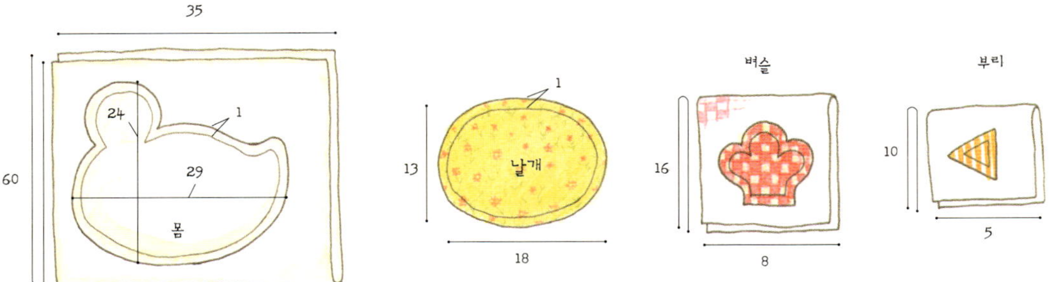


원단 안쪽에 사이즈에 맞게 완성선을 그린 다음 시접 1cm를 두고 재단합니다. 앞뒤 혹은 좌우가 똑같은 소품은 원단을 반으로 접어 패턴을 그리고 재단하면 편리합니다.

### 2 앞판에 날개 고정하기

재단한 노란색 꽃무늬(날개) 원단의 시접을 안으로 접어 넣어 타올지 앞판에 시침핀으로 고정하고 원을 따라 박음질합니다.

### 3 앞판과 뒤판 연결하기

1: 타올지 앞판과 뒤판을 겉끼리 마주보게 하여 시침핀으로 고정합니다.

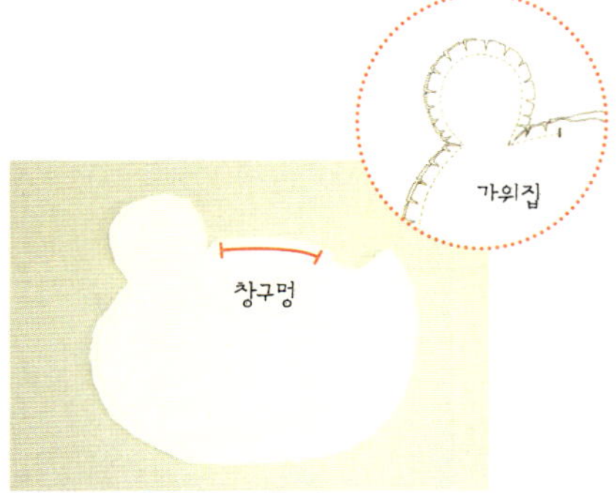


2: 창구멍 7cm를 남기고 완성선을 따라 박음질합니다. 창구멍을 제외한 테두리 전체에 가위집을 내고 뒤집어줍니다.

## 4 솜 넣어서 볼륨감 주기

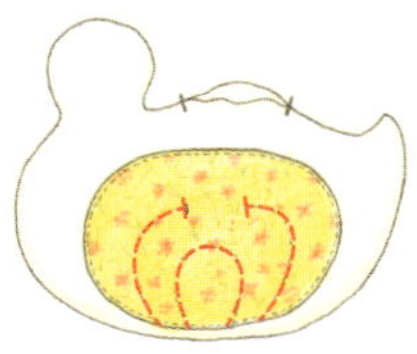

1: 날개 안쪽에 둥근 선을 두 줄 그리고 앞판과 뒤판을 함께 박음질합니다. 단, 두 번째 둥근선에는 솜을 넣을 구멍을 4cm 가량 남기고 박음질합니다.

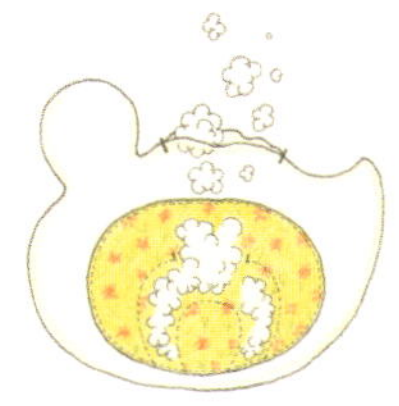

2: 몸의 창구멍을 통해 방울솜을 넣어 날개 안쪽을 볼록하게 채워준 다음 두 번째 둥근 선에 나 있는 구멍을 막아줍니다.

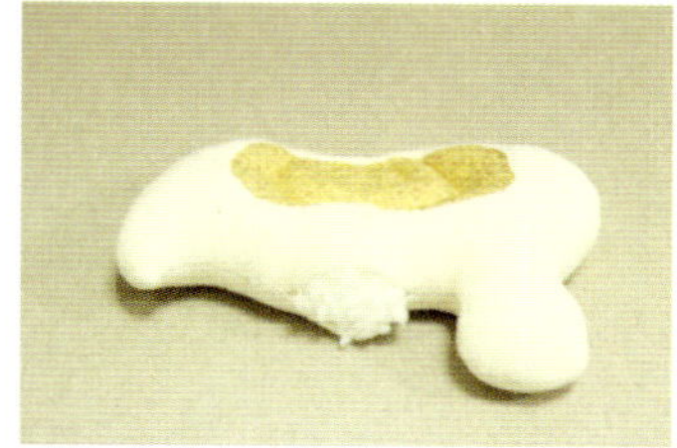

3: 방울솜으로 몸 전체를 빵빵하게 채워주고 창구멍은 공그르기로 막아줍니다.

## 5 벼슬과 부리 달기

1: 벼슬과 부리는 창구멍을 남기고 박음질한 후 뒤집어서 솜을 채워줍니다.

2: 솜을 채운 벼슬과 부리는 창구멍 부분의 시접을 접어 머리 부분에 공그르기로 고정합니다.

## 6 마무리하기

자수실로 스티치해서 꼬꼬댁의 눈을 표현하고 목에 리넨 테이프를 달아 완성합니다.

개구리
방석

고양이들은 온몸을 폭 감싸주는 느낌을 사랑합니다. 편안한 잠자리를 위해 보송보송한 타올지와 워싱 코튼으로 개구리 모양의 방석을 만들어주세요. 냥이 두 마리가 충분히 들어갈 수 있는 커다란 크기랍니다.

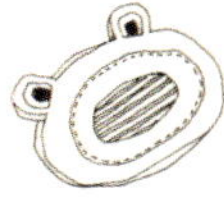

## 개구리 방석 만들기

**완성 사이즈** 가로 75×세로 64cm
**재료** 애플그린(연두색) 단면 타올지 160×90cm 1장, 내추럴 아이보리 단면 타올지 80×60cm 1장, 레드 스트라이프 워싱 코튼 50×40cm 1장, 갈색 리넨 20×10cm 1장
**부재료** 방울솜 1.5kg

### 1 재단하기

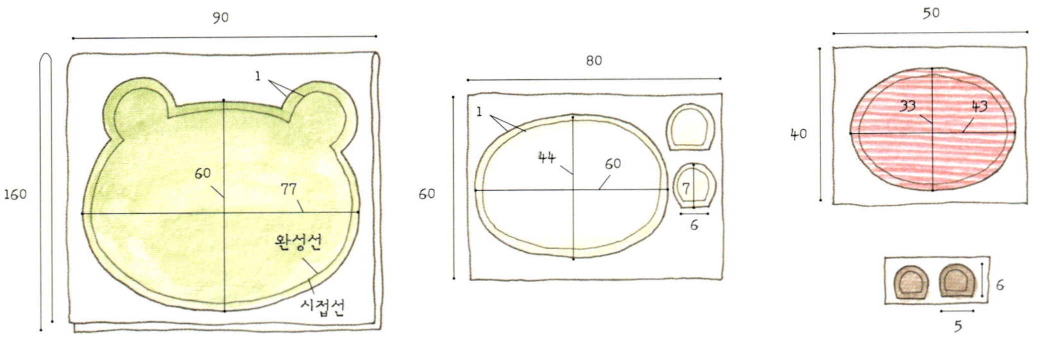


원단에 사이즈에 맞게 완성선을 그려줍니다. 연두색 타올지는 겉이 바깥으로 나오게 2장으로 겹쳐서 패턴을 그리고 재단합니다.

### 2 앞판 만들기

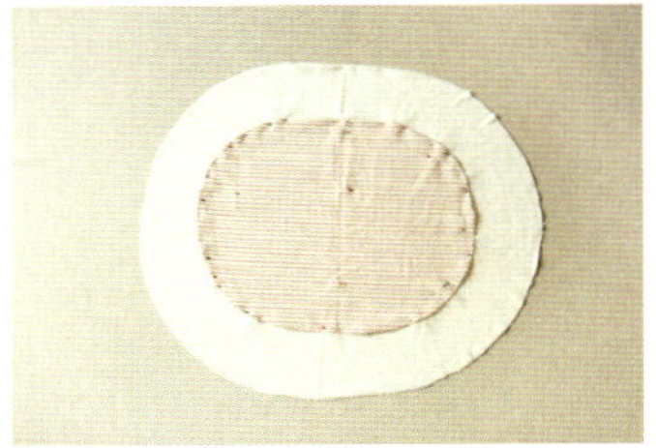

1: 스트라이프 원단의 시접이 안으로 들어가게 접어 아이보리 타올지 위에 시침핀으로 고정해줍니다. 완성선에서 0.2cm 안쪽으로 박음질합니다.

2: 연두색 타올지 1장을 타올 면이 위로 오게 하여 깔아줍니다.

3: 연두색 타올지 중앙에 아이보리 타올지를 올려놓고 시접을 안으로 접어 넣어 시침핀으로 고정합니다. 시침핀을 따라서 아이보리 타올지 둘레를 박음질합니다.

### 3 눈 만들기

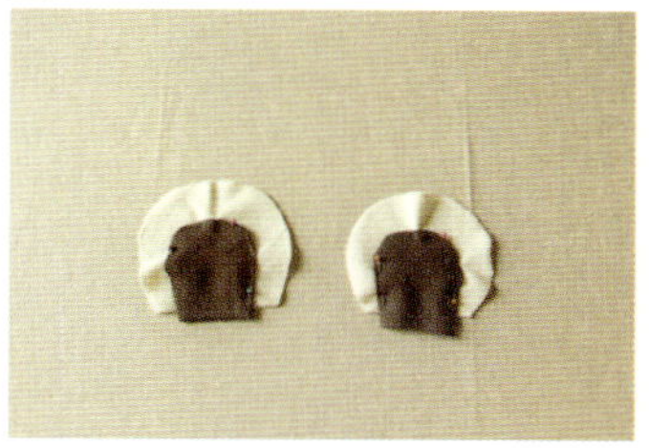

1: 갈색 원단의 시접에 가위집을 주고 안으로 접어 넣은 다음 눈 모양으로 재단한 아이보리 타올지 위에 시침핀으로 고정하고 박음질합니다.

2: 완성된 눈의 시접을 접어 방석 앞판의 눈 위치에 고정하고 박음질합니다.

tip

눈의 밑단은 개구리 얼굴의 재단선이 아닌 완성선에 기준하여 고정합니다.

### 4 뒤판 연결하기

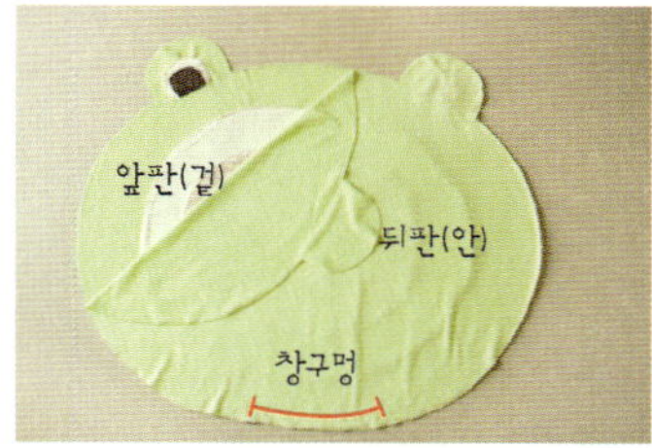


1: 앞판과 뒤판의 겉끼리 맞대고 완성선을 따라 박음질합니다. 아랫부분에 8cm 정도는 창구멍으로 남겨놓습니다.

2: 꺾임이 심한 눈 부위는 모서리 끝까지 가위집을 내주고, 창구멍으로 뒤집어서 모양을 정리합니다.

3: 스트라이프 원단 둘레를 따라 앞판과 뒤판을 함께 시침핀으로 고정한 다음 아랫부분에 8cm 정도를 창구멍으로 남기고 완성선을 따라 박음질합니다.

### 5 솜 넣기

1: 이중으로 뚫린 창구멍을 통해 스트라이프 원단 안으로 솜을 채워주고 안쪽의 창구멍을 박음질하여 막아줍니다. 너무 딱딱해지지 않게 쿠션감이 느껴질 정도로만 솜을 넣어줍니다.

2: 방석 둘레에 방울솜을 채워넣습니다. 모양이 변형되지 않도록 많은 양의 솜을 꼼꼼히 넣어주어야 합니다.

3: 바깥쪽의 창구멍을 공그르기로 막아 완성합니다.

구름 방석
COUNTRY HOUSE
MILK

특별한 모양의 방석이 부담스럽다면 간단하게 만들 수 있는 단순한 형태부터 도전해보세요. 유에프오 같기도 하고 손오공이 타고 다니는 근두운을 닮은 것 같기도 한 구름 방석입니다. 겨울에는 포근하고 따뜻한 원단, 여름에는 몸에 붙지 않는 시원한 원단으로 소재를 달리해서 만들어줘도 좋습니다.

# 구름 방석 만들기

**완성 사이즈** 가로 66×40cm
**재료** 아이보리 단면 타올지 80×120cm 1장, 베이지 스트라이프 코튼 30×20cm 1장
**부재료** 골판지, 방울솜 1.5kg

## 1 재단하기

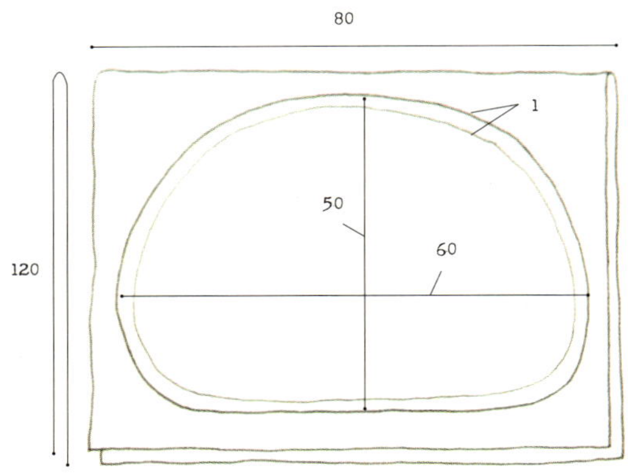


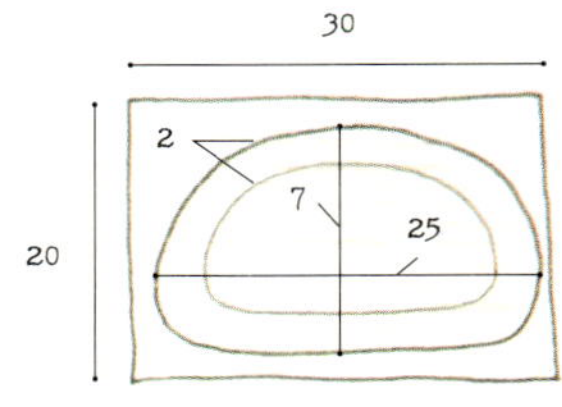


원단에 사이즈에 맞게 완성선을 그린 다음 시접 1cm를 두고 재단합니다. 타올지는 반으로 접은 상태에서 재단합니다.

## 2 작은 원형 만들기

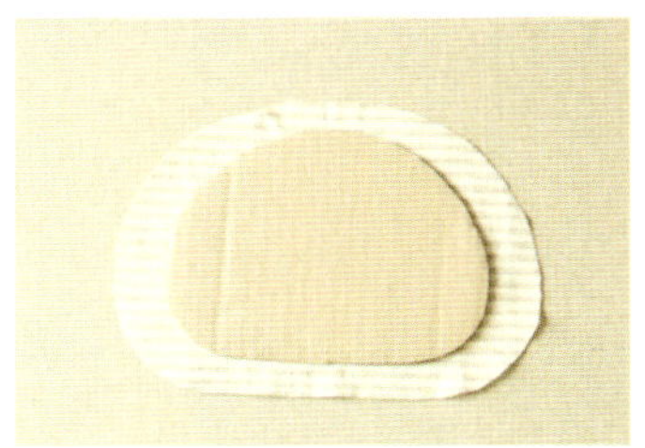

1: 스트라이프 원단 위에 완성선 사이즈로 오린 골판지를 올려놓습니다.

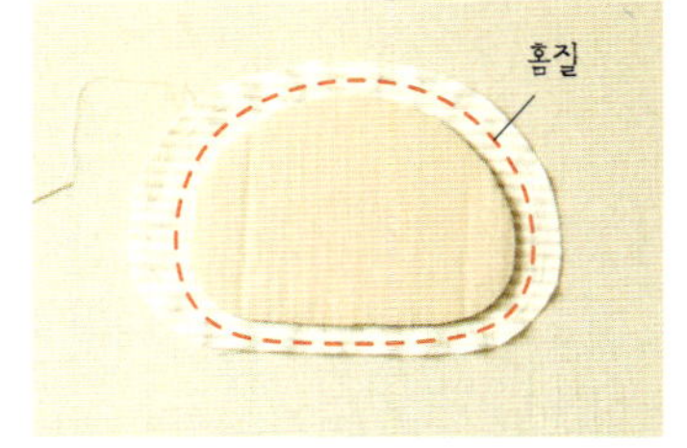


2: 스트라이프 원단의 둘레를 따라 1cm 안쪽에 홈질을 합니다.

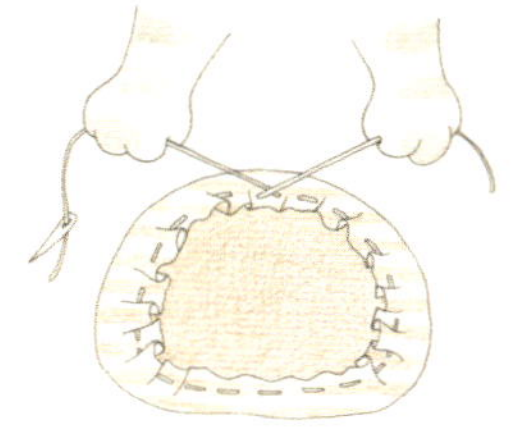

3: 실을 잡아당겨 시접을 안쪽으로 오므린 다음 다림질로 모양을 잡아줍니다.

### 3 앞판에 작은 원형 고정하기

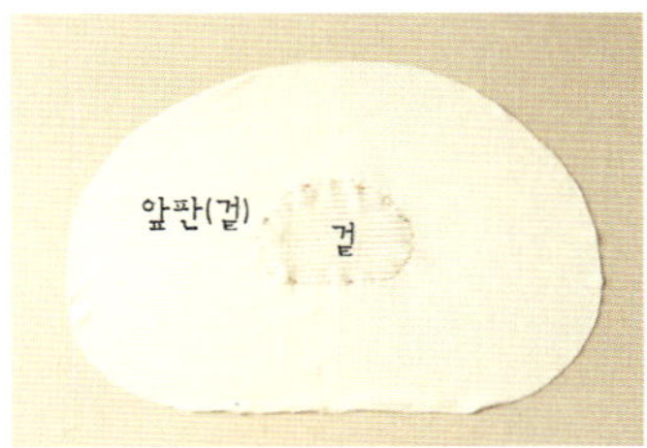


앞판 중심에 작은 원형을 올려놓고 시침핀으로 고정한 후 공그르기합니다.

### 4 앞판과 뒤판 연결하기

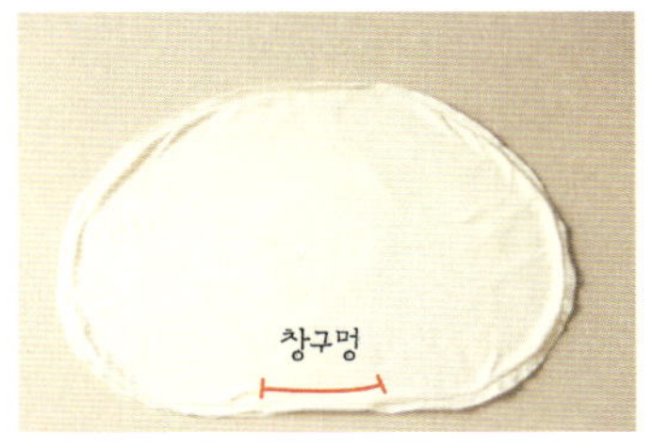


1: 앞판과 뒤판을 겉끼리 마주보게 겹치고 아랫부분에 8cm 정도의 창구멍을 남기고 박음질합니다.

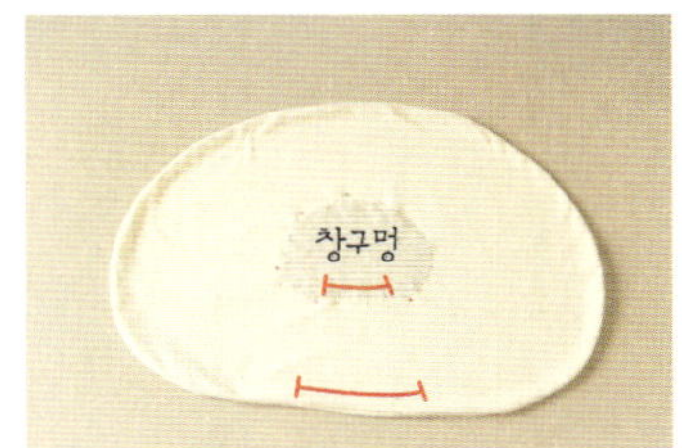


2: 뒤집어서 모양을 정리하고 작은 원형 둘레를 따라 앞판과 뒤판을 함께 시침핀으로 고정합니다. 아랫부분에 창구멍을 7cm 남겨두고 박음질합니다.

### 5 솜 넣기

1: 이중으로 뚫린 창구멍을 통해 작은 원형 안쪽으로 방울솜을 넣어주고 창구멍을 박음질하여 막아줍니다.

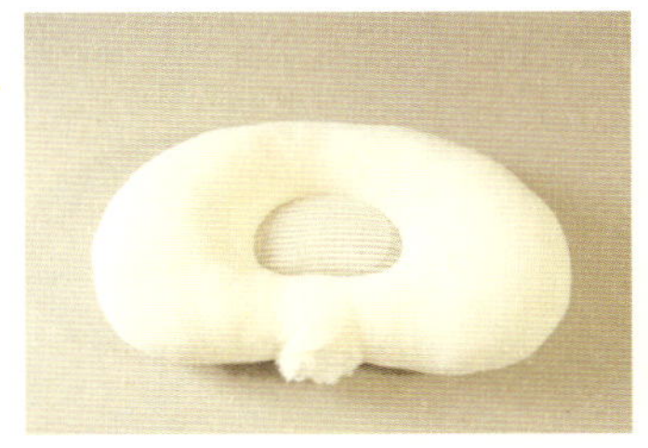

2: 큰 원형 둘레에도 솜을 꼼꼼히 넣어주고 창구멍을 공그르기로 막아 완성합니다.

완성!

원형 방석

만드는 방법이 비교적 간단한 초코파이 모양의 방석입니다. 부드럽고 위생적인 소재를 사용하고 솜을 빵빵하게 넣어 푹신푹신하게 만들어주세요. 크게 만들면 두 마리가 함께 꼭 껴안고 사이 좋게 잠드는 훈훈한 광경도 볼 수 있어요.

# 원형 방석 만들기

**완성 사이즈** 55×55cm
**재료** 앞판 – 오가닉 더블 쟈가드 다이마루 56×56cm 1장, 뒤판 – 30수 블루 워싱 코튼 58×58cm 1장
옆판 – 인조 가죽 92×14cm 2장
**부재료** 리넨 파이핑 100cm 2개, 방울솜 1.5kg, 라벨

## 1 재단하기

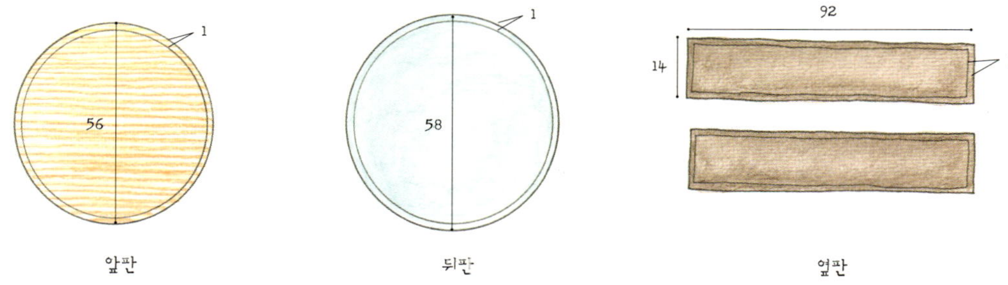


앞판에 사용할 오가닉 다이마루 원단은 신축성이 크니 뒤판으로 쓸 워싱 코튼보다 지름을 2cm 작게 재단합니다. 앞판과 뒤판에 같은 원단을 사용할 경우에는 같은 치수로 재단합니다.

## 2 파이핑 달기

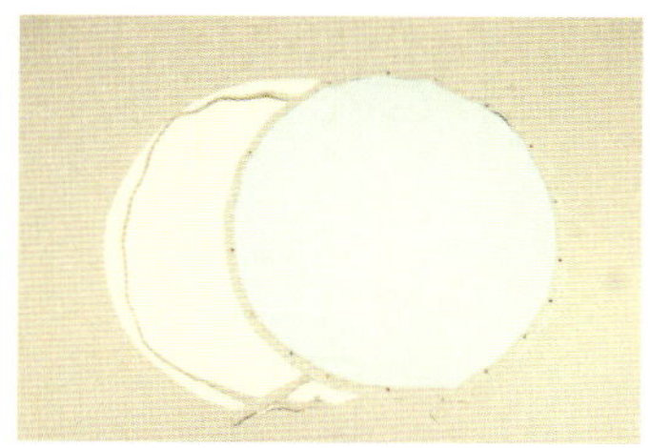

1: 앞판과 뒤판 둘레에 파이핑을 답니다. 먼저 원형 원단 겉면에 파이핑의 시접이 바깥쪽을 향하게 둘러놓고 시침핀으로 고정합니다.

2: 고정된 파이핑을 다라 박음질합니다. 파이핑의 시작과 끝은 가지런히 내려 모으고 박음질을 한번 더해서 고정합니다.

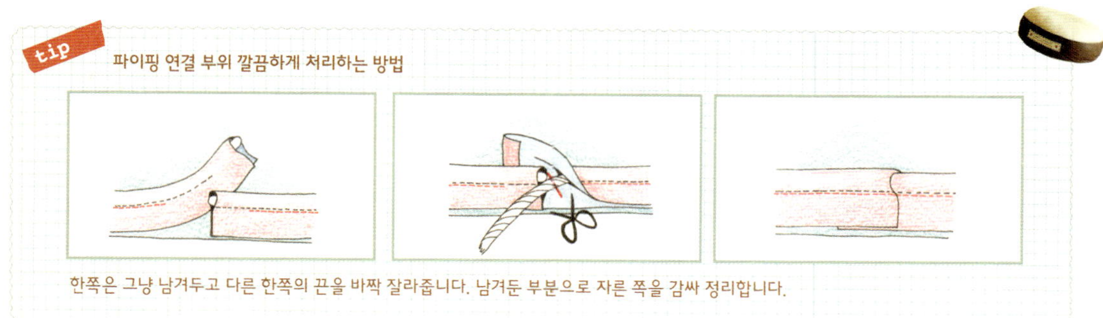


**tip 파이핑 연결 부위 깔끔하게 처리하는 방법**

한쪽은 그냥 남겨두고 다른 한쪽의 끈을 바짝 잘라줍니다. 남겨둔 부분으로 자른 쪽을 감싸 정리합니다.

## 3 옆판 준비하기

1: 인조 가죽 원단 2장을 겉끼리 맞대고 한 쪽 면만 박음질하여 연결합니다.

2: 옆판 중앙에 라벨을 장식합니다.

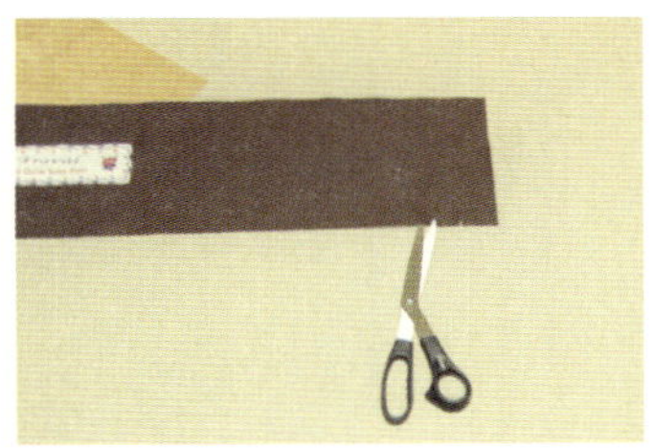

3: 앞판, 뒤판의 둥근 면과 연결했을 때 울지 않도록 옆판 위아래에 가위집을 꼼꼼히 내줍니다.

## 4 앞판과 옆판, 뒤판 연결하기

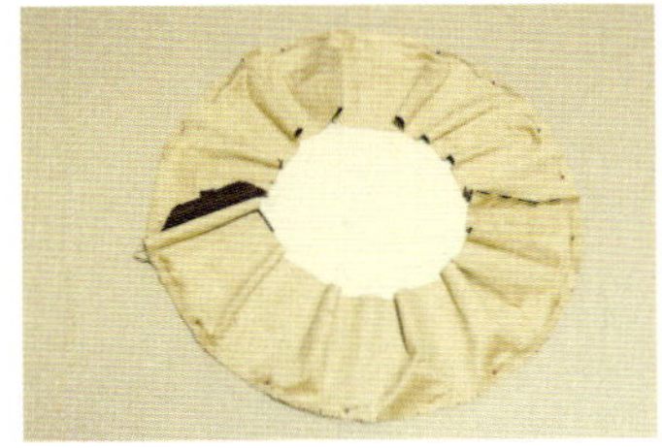

1: 앞판의 파이핑 시작점에 맞춰 옆판을 올려놓고 시침핀으로 빙 둘러가며 고정합니다. 시접 여유분은 1cm로 하고 완성선을 따라 박음질합니다.

2: 같은 방법으로 뒤판도 연결해줍니다.

## 5 솜 넣기

뒤집어서 옆판의 창구멍으로 방울솜 1kg을 뭉치지 않게 잘 넣어줍니다. 창구멍을 공그르기로 막아 완성합니다.

지붕
하우스

자기만의 공간과 시간을 중요시하는 냥이들에게는 지붕과 문이 있는 아담한 집이 필요합니다. 앞판을 붙였다 떼었다 할 수 있게 만들어 실용성을 더했습니다.

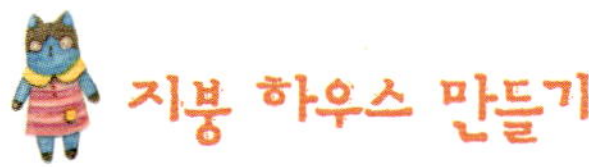

# 지붕 하우스 만들기

**완성 사이즈** 가로 58×폭 42×높이 37cm

**재료1(원단)** 지붕 – 인조 가죽 58×45cm 1장, 브라운 리넨 25×45cm 2장, 체크 코튼 리넨 104×45cm 1장
바닥 – 브라운 리넨 64×90cm 1장, 뒤판 – 브라운 리넨 60×36cm 1장, 쉐비 패치 리넨 60×36cm 1장
앞판 – 브라운 리넨 60×36cm 1장, 체크 코튼 리넨 60×36cm 1장

**재료2(발코니 매트)** 지붕 – 102×42×두께 1cm 1장, 바닥 – 58×42×1cm 3장, 앞판, 뒤판 – 56×32×1cm 4장

**부재료** 프린트 커트지 원단 3~4장, 줄무늬 바이어스 80cm, 토숀(폭 2cm) 30cm, 토숀(폭 5cm) 25cm,
꽃무늬 도일리 1개, 라벨 3개, 똑딱 단추(지름 1cm) 8개

## 1 원단 재단하기

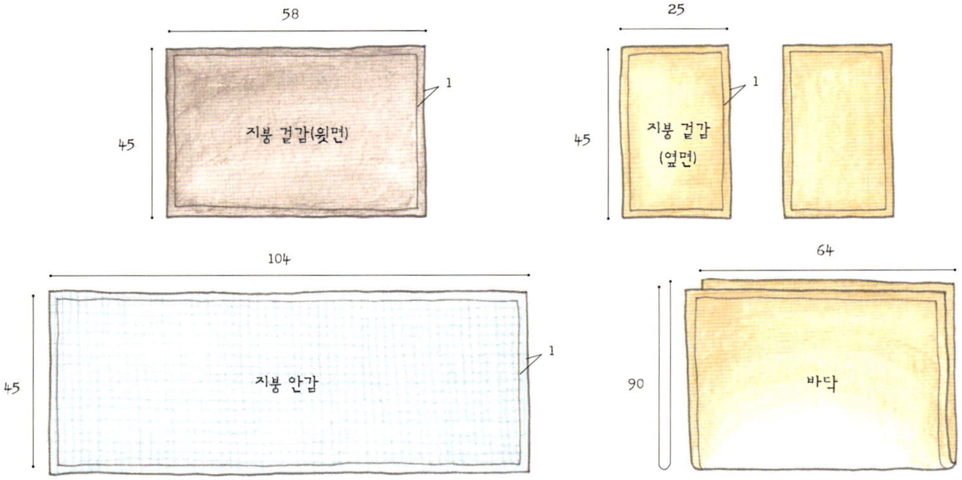

58
45
1
지붕 겉감(윗면)

25
45
1
지붕 겉감
(옆면)

104
45
1
지붕 안감

64
90
바닥

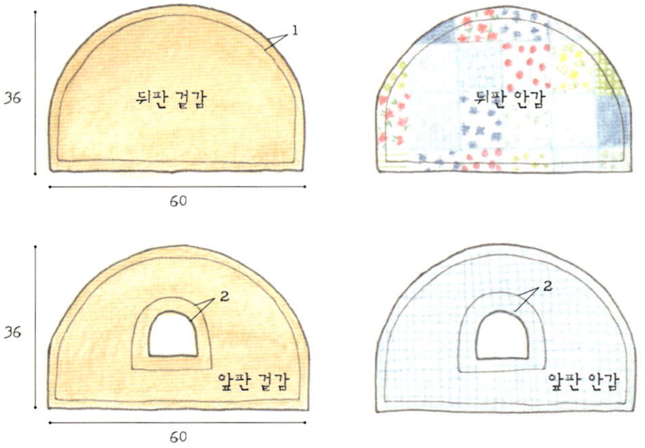

36
1
뒤판 겉감
60
뒤판 안감

36
2
앞판 겉감
60
2
앞판 안감

**tip**
앞판 겉감과 안감의 입구는 재단할 때 미리 구멍을 뚫어도 되지만, 나중에 매트에 씌운 다음 매트의 구멍에 맞춰 자르는 것이 더 편리하고 정확합니다. 입구 시접은 깔끔한 마무리를 위해 2cm로 넓게 둡니다.

원단에 지붕, 바닥, 뒤판, 앞판의 완성선을 그린 뒤 재단합니다.

## 2 매트 재단하기

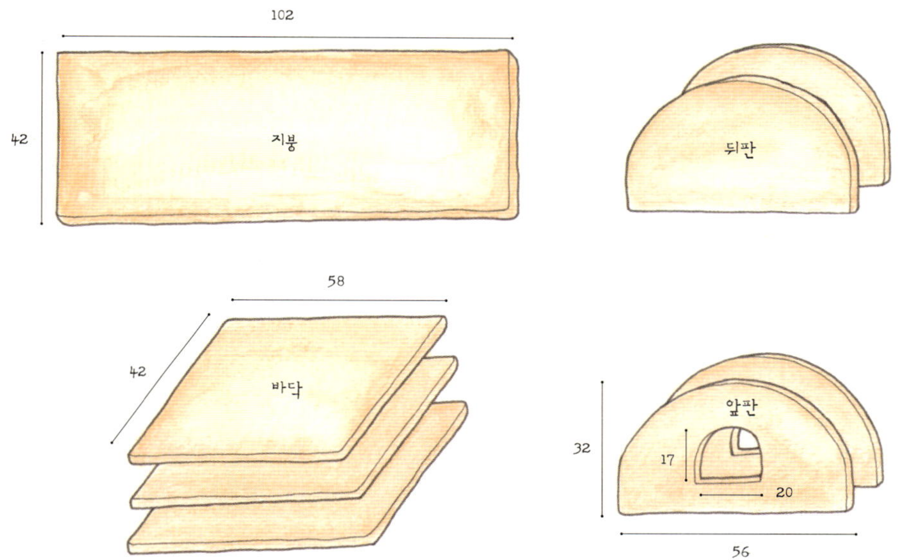


사이즈에 맞게 매트를 재단합니다.
하우스의 견고함과 쿠션감을 위해 바닥은 매트 3장을 양면 테이프로 층층이 붙여서 1장으로 만듭니다.
뒤판과 앞판 역시 매트 2장을 붙여서 뒤판 1장과 앞판 1장으로 만들어놓습니다.

## 3 바닥 만들기

1: 바닥용으로 재단한 원단 긴 쪽을 반으로 접어 매트를 넣어줄 입구를 제외한 두 면을 박음질합니다. 시접은 모두 1cm로 합니다.

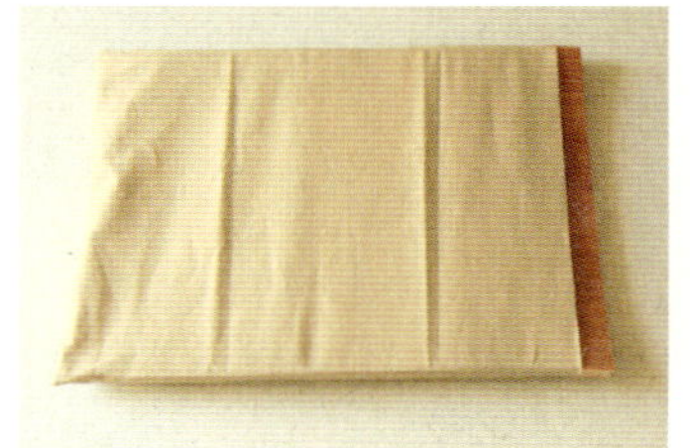

2: 원단을 뒤집어서 3장을 겹쳐 만들어 놓은 바닥 매트를 넣어줍니다.

3: 입구는 시접을 안으로 접어 넣고 공그르기로 막아줍니다.

매트를 넣은 원단은 따로 다림질하지 않고 물을 뿌려주면 주름이 깔끔하게 펴집니다. 지붕, 앞판, 뒤판이 완성될 때마다 물을 뿌려 주름을 펴주도록 합니다.

## 4 지붕 만들기

1: 지붕 겉감을 연결합니다. 인조 가죽 원단을 가운데에 두고 양옆에 리넨 원단을 배치합니다.

2: 겉끼리 마주보게 놓고 시침핀으로 고정한 뒤 박음질합니다.

3: 지붕을 장식할 커트지를 원하는 위치에 배치하고 박음질로 고정합니다.

4: 지붕 안감과 겉감을 겉끼리 마주보게 겹친 후 시침핀으로 고정합니다.

5: 매트가 들어갈 입구를 제외한 세 면을 박음질한 후 뒤집어서 지붕 매트를 넣어줍니다.

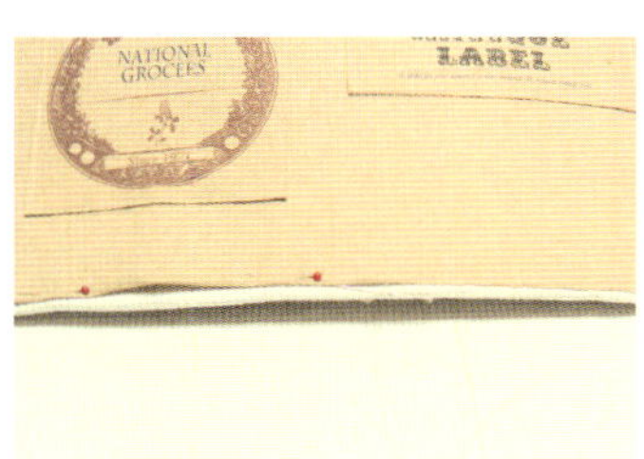



6: 공그르기로 입구를 막아줍니다.

## 5 앞판과 뒤판 만들기

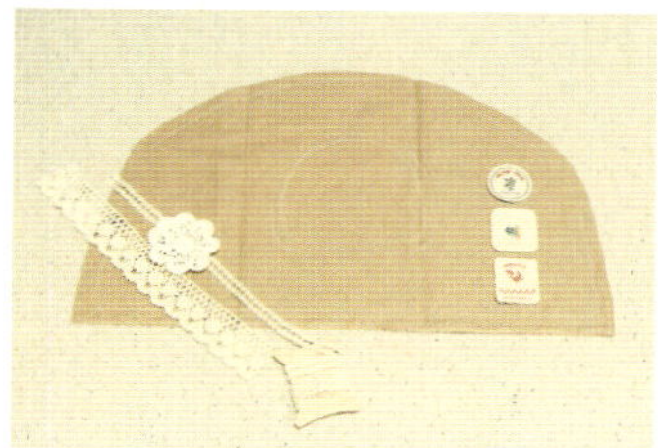

1: 앞판 겉감으로 쓰일 원단에 장식을 해줍니다. 토숀 레이스를 사선으로 배치하여 박음질하고 입구 옆면에는 라벨 등을 붙여줍니다.

2: 앞판 겉감과 안감을 겉끼리 마주보게 겹쳐놓습니다.

3: 시침핀으로 고정한 후 윗부분에 15cm 정도의 창구멍을 남겨두고 완성선을 따라 박음질합니다.

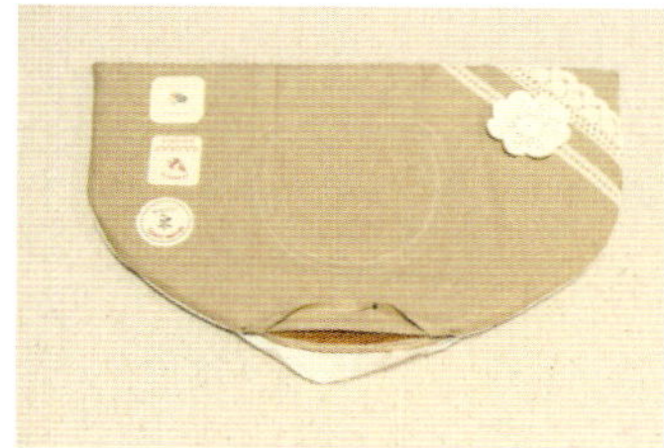

4: 뒤집은 다음 창구멍으로 앞판 매트를 넣어주고 공그르기로 막아줍니다.

5: 입구를 만듭니다. 먼저 입구의 완성선으로부터 2cm 정도 시접을 두고 안쪽의 천을 잘라냅니다.

6: 입구의 시접 부분에 촘촘히 가위집을 주고 앞면과 뒷면의 시접을 안으로 접어 넣어 겹쳐진 상태에서 감침질합니다.

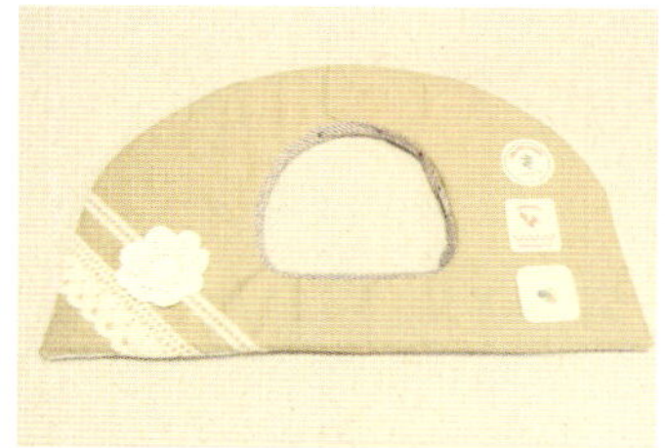

7: 감침질한 부분을 바이어스로 감싸고 겉감 쪽에서 공그르기하여 고정합니다.

8: 안감 쪽에서도 같은 방법으로 공그르기하여 입구를 깔끔하게 마감합니다.

9: 앞판과 같은 방법으로 뒤판을 만들어놓습니다.

## 6 연결하기

1: 먼저 지붕과 바닥을 연결합니다. 지붕 양쪽 끝에 바닥을 촘촘히 공그르기하여 연결합니다.

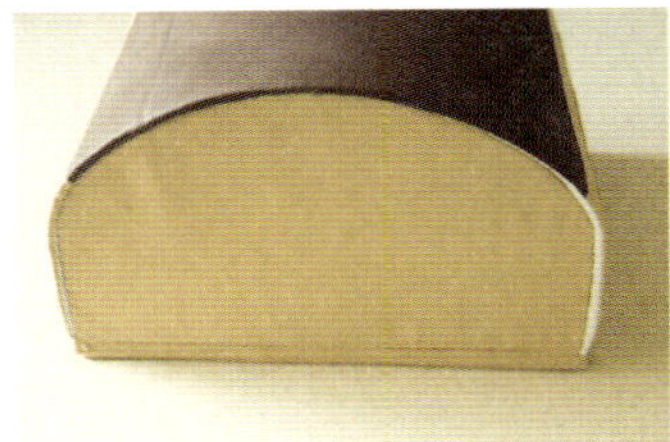

2: 뒤판을 연결합니다. 뒤판의 안감 부분이 안으로 향하게 하여 연결되어 있는 지붕과 바닥 사이에 끼워 넣고 시침핀으로 고정합니다. 둘레 전체를 공그르기하여 튼튼하게 연결합니다.

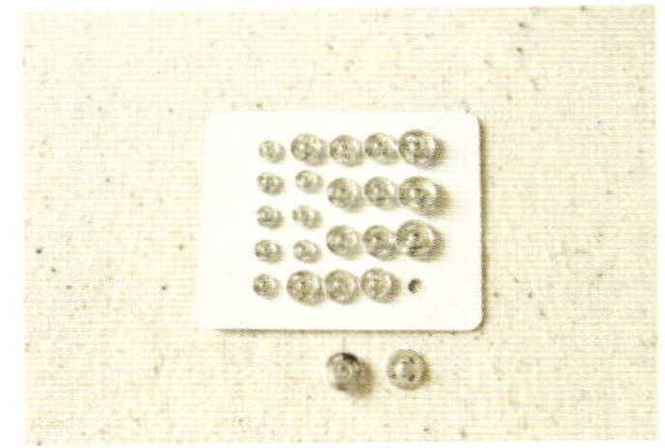

3: 다음으로 앞판을 연결합니다. 똑딱 단추를 가장 큰 사이즈(1cm)로 8개 준비합니다. 똑딱 단추는 암놈과 수놈이 1쌍을 이룹니다.

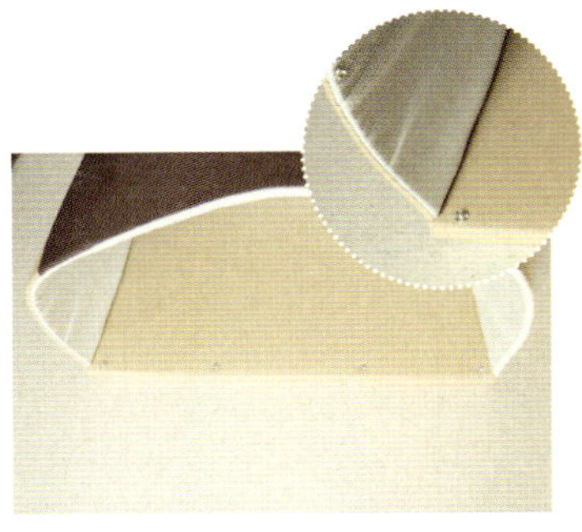

4: 8개의 똑딱 단추 수놈을 입구 전체에 일정한 간격으로 달아줍니다(지붕에 4개, 바닥에 4개).

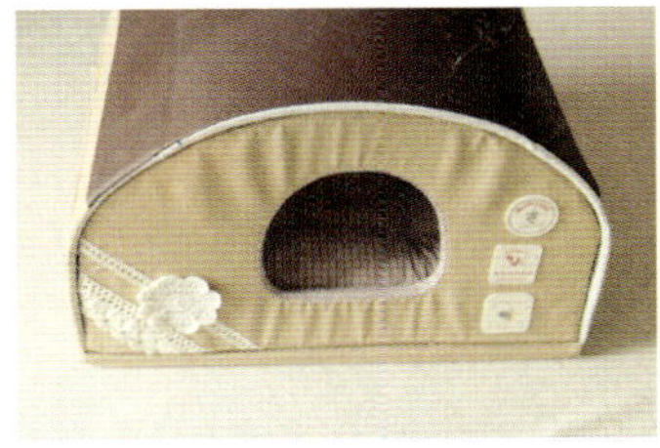

5: 똑딱 단추 암놈을 앞판의 같은 위치에 일정한 간격으로 달아줍니다.

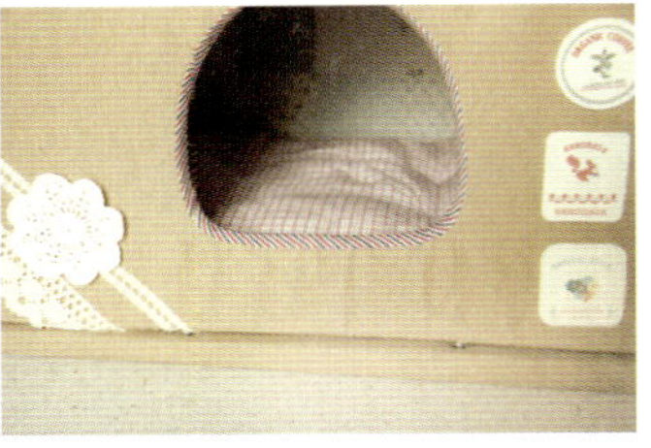

6: 쿠션이나 담요 등을 하우스 바닥에 깔아줍니다.

완성!

앞판과 뒤판을 둥근 모양 대신 살짝 각진 모양으로 재단하여 만들면 지붕에 저절로 각이 잡혀 세모난 지붕 하우스가 완성됩니다.

엄마 가지마아~~!

TV
하우스

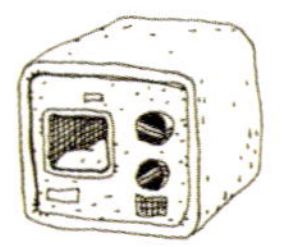

텔레비전에 내가 나왔으면 정말 좋겠네~♪ 텔레비전에 냥이가 등장하는 것처럼 보이도록 TV박스 모양으로 만든 센스 만점의 냥이 하우스입니다. 집 안의 다른 가구들과도 잘 어울려 인테리어 효과도 기대할 수 있습니다.

# TV 하우스 만들기

**완성 사이즈** 가로 58×폭 45×높이 48cm

**재료1(원단)** 옆판(겉감) – 레드 워싱 리넨 204×49cm 1장, 옆판(안감) – 블루 체크 워싱 코튼 204×49cm 1장
뒤판(겉감) – 베이직 리넨 59×49cm 1장, 뒤판(안감) – 벵이지 스트라이프 리넨 59×49cm 1장
앞판(겉감) – 아이보리 리넨 59×49cm 1장, 앞판(안감) – 베이직 리넨 59×49cm 1장
채널 손잡이 – 레드 체크 코튼 15×15cm 1장, 블루 체크 코튼 15×15cm 1장,
스트라이프 코튼 20×5cm 2장, 황마 12×9cm 1장, 접착솜 12×12cm 2장
방석(앞판) – 딸기 무늬 원단 57×47cm 1장, 방석(뒤판) – 줄무늬 원단 57×47cm 1장

**재료2(고탄성 스펀지)** 옆판 – 200×45×두께 1cm 1장, 193×45×1cm 1장, 앞판, 뒤판 – 55×45×1cm 4장

**부재료** 지퍼 45cm 1개, 방울솜 300g, 투명 테이프 종이 심지 2개, 바이어스 120cm, 라벨 2개, 글루건

## 1 고탄성 스펀지 재단하기

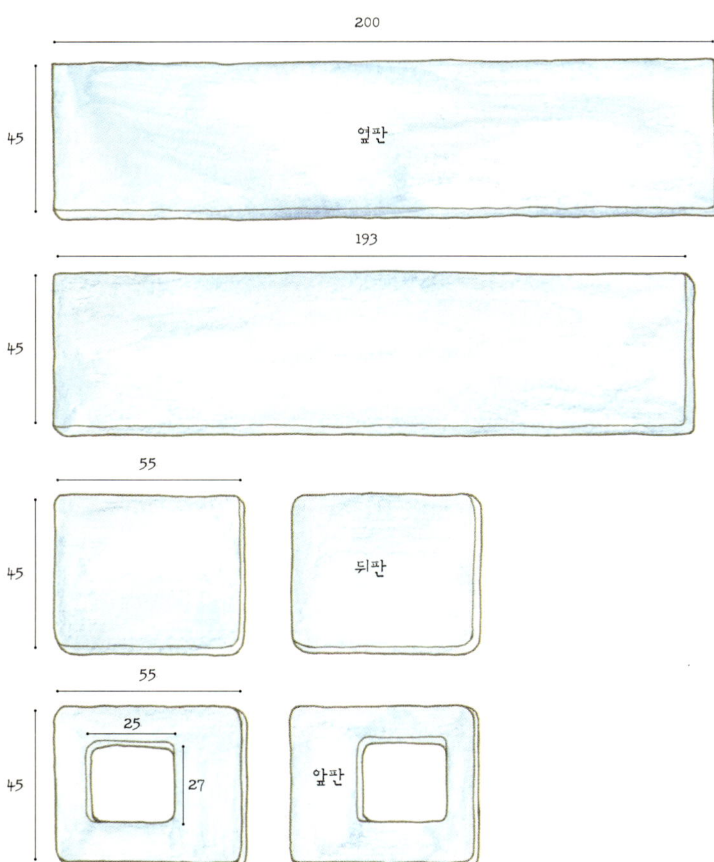


고탄성 스펀지는 하우스의 견고함과 두께를 위해 각각 2장씩 겹쳐서 사용한다는 점을 이해하고 작업에 들어갑니다.

## 2 원단 재단하기

사이즈에 맞게 원단을 재단합니다. 앞판 입구의 시접 2cm를 제외하고 시접은 모두 1cm로 동일하게 둡니다.

## 3 옆판 만들기

1: 재단한 옆판용 원단을 다림질하여 준비합니다.

2: 옆판의 겉감과 안감을 겉끼리 맞대고 포갭니다. 시접 1cm를 남기고 스펀지를 넣을 창구멍을 제외한 세 면을 박음질합니다.

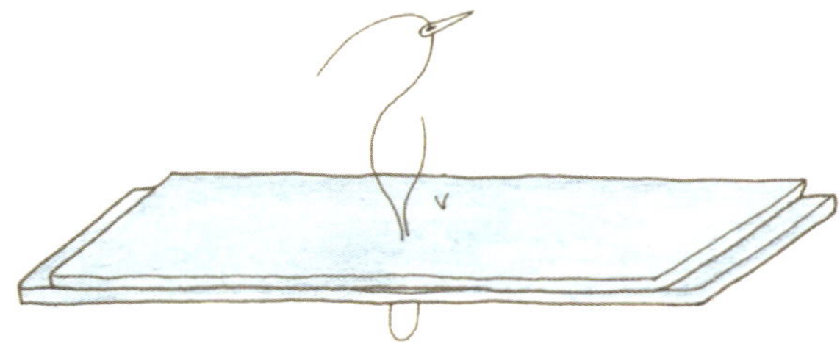

3: 옆판으로 쓸 고탄성 스펀지 2장 중 긴 것을 아래에 놓고 짧은 것을 위에 올린 후 시침질로 스펀지 2장을 고정합니다. 이렇게 길이를 달리하면 스펀지를 구부렸을 때 울지 않습니다.

4: 스펀지를 준비해놓은 옆판 원단에 넣습니다.

5: 스펀지의 긴 면이 옆판 겉감 쪽(레드 리넨)과 맞닿게 넣어야 스펀지의 구부림이 자유롭습니다.

6: 창구멍을 공그르기로 막아줍니다.

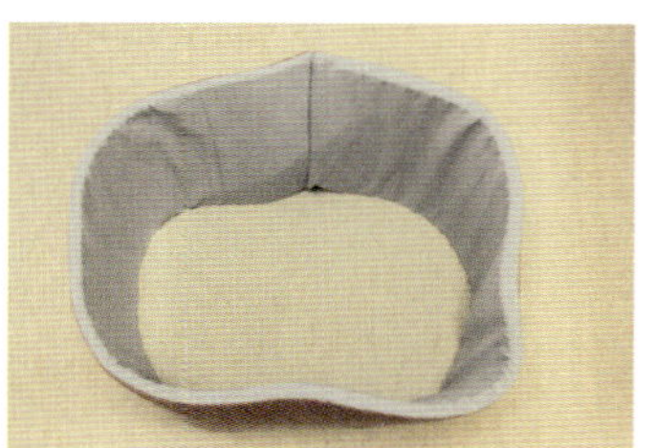

7: 준비된 옆판의 끝단끼리 맞대고 공그르기로 이어서 원형의 통을 만듭니다.

## 4 뒤판 만들기

1: 뒤판의 겉감과 안감을 겉끼리 포개고 측면에 창구멍 15cm를 남기고 박음질합니다.

2: 뒤집은 다음 스펀지 뒤판 2장을 겹쳐 넣습니다. 창구멍을 공그르기로 막아줍니다.

## 5 앞판 만들기

1: 앞판의 겉감과 안감을 겉끼리 포개고 측면에 창구멍 15cm를 남기고 박음질합니다.

2: 입구가 뚫린 스펀지 앞판 2장을 겹쳐 시침질로 고정시켜줍니다.

3: 창구멍으로 스펀지를 넣어주고 공그르기로 막아줍니다. 스펀지의 입구에 맞춰 원단에도 구멍을 뚫어주되 시접은 2cm를 남기도록 합니다.

4: 입구의 시접 곡선 부위에 가위집을 주고 겉감과 안감의 시접을 겹쳐 감침질합니다.

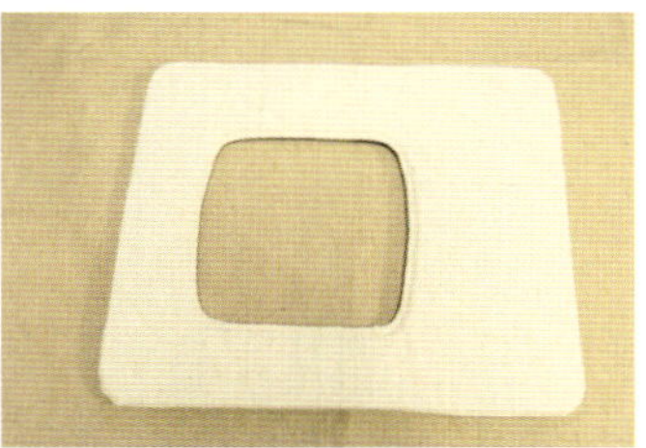

5: 감침질된 입구 둘레에 바이어스를 대고 홈질하여 감침질 자국을 깔끔하게 감춥니다.

## 6 연결하기

1: 준비해놓은 옆판에 뒤판을 끼우고 시침핀으로 고정합니다. 이때 옆판의 이음선은 바닥으로 향하게 합니다.

2: 공그르기로 옆판에 뒤판을 튼튼하게 연결합니다.

3: 바로 세워줍니다.

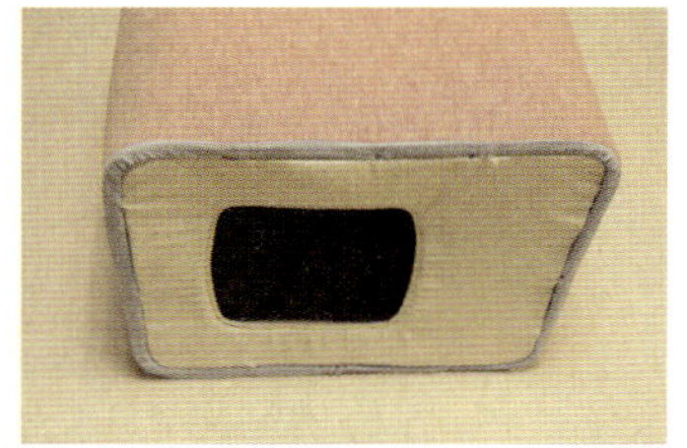

4: 반대쪽에 앞판을 끼우고 시침핀으로 고정합니다. 이때 뒤판의 모서리와 앞판의 모서리가 평행을 이루고 있는지 확인하면서 고정하도록 합니다.

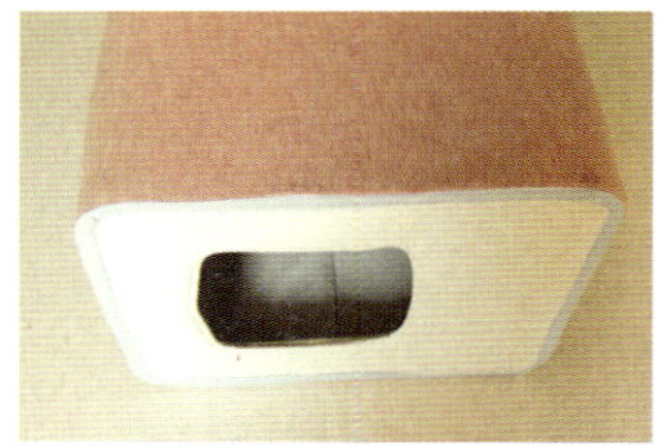

5: 공그르기를 촘촘하게 하여 옆판과 앞판을 연결합니다.

## 7 하우스 장식하기

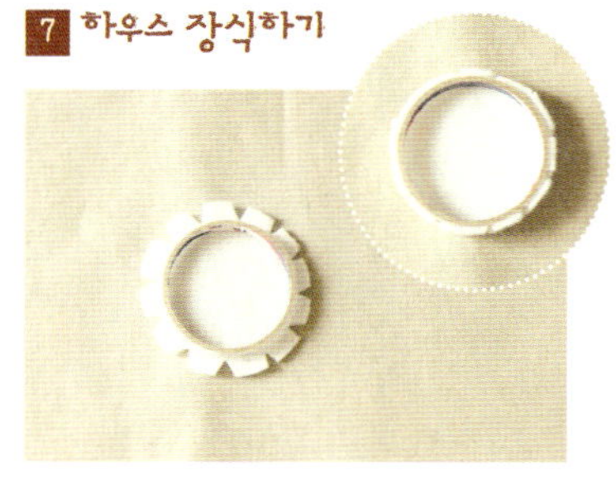

1: 다 쓴 투명 테이프의 종이 심지를 이용해 채널 손잡이를 만듭니다. 재단된 접착솜에 가위집을 내고 종이 심지 둘레에 양면 테이프를 붙여 고정합니다.

2: 종이 심지에 원단을 씌우고 시접을 심지 안쪽으로 말아 넣어 글루건으로 붙여줍니다. 줄무늬 원단은 양쪽 시접을 1cm씩 접어서 손잡이 가운데에 붙입니다.

3: 채널 손잡이를 하우스 본체에 글루건으로 고정합니다. 황마 원단은 네 면의 시접을 안으로 접어 넣어 채널 아래에 붙여줍니다. 원하는 위치에 라벨을 달아 장식합니다.

## 8 쿠션 만들기

1: 솜 속통을 만듭니다. 먼저 코튼 원단에 창구멍 8cm를 남기고 네 면을 박음질한 다음 뒤집어서 솜을 적당량 채워주고 공그르기로 창구멍을 막아줍니다.

2: 쿠션 겉커버를 만듭니다. 원단 2장의 겉이 위를 향하게 펴놓고 시접을 1cm씩 접어 지퍼 양옆에 박음질합니다. 지퍼의 양쪽 시작과 끝부분에 남아 있는 원단은 시접 부분을 공그르기하여 서로 연결해줍니다.

3: 원단 2장의 겉끼리 마주보게 반으로 접어 지퍼 달린 면을 제외한 세 면을 박음질합니다. 이때 지퍼는 열어두고 박음질합니다.

4: 뒤집어서 준비해둔 솜 속통을 넣고 지퍼를 닫아줍니다.

5: 하우스 안에 쿠션을 깔아줍니다. 스트라이프 원단이 위로 오게 깔아주면 화면 조정 시간처럼 보여 재미있는 장면을 연출할 수 있습니다.

## 하루&이틀의 쌈박질

### 당랑권

### 말로 해!

뱀파이어 이틀

핥아묵고~

녹여묵고~

깨물어묵고~

하루씨 단물 다 뽑아먹은 이틀,
목격자가 없는지 주변을 살핌;;

결투닷!

# 나무로 뚝딱 뚝딱,
# 튼튼한 고양이 용품

컨추리풍
냥이식탁

밥그릇을 바닥에 놓아줄 경우 성묘들은 몸을 많이 구부려야 하기 때문에 편안하게 식사하기 힘들 수도 있어요. 적당한 높이의 식탁을 만들어주면 소화불량에 걸리는 것을 막을 수 있고 턱 주변에 물이나 습식 사료도 덜 묻어 위생상으로도 좋습니다. 냥이들의 건강한 식사 시간을 위해 심플한 모양의 식탁을 만들어주세요.

# 컨추리풍 냥이 식탁 만들기

**완성 사이즈** 가로 50×세로 16× 높이 12cm
**재료** 삼나무 건조목 가로 50×세로 16cm×두께 1.8T 1개, 거친 각재 4×4×높이 10cm 4개
**부재료** 사포 100방, 200방 1장씩, 머리 없는 못, 목공 본드, 화이트 컬러 페인트, 내추럴 우드 스테인, 버니쉬, 페인트 붓

## 1 재료 다듬기

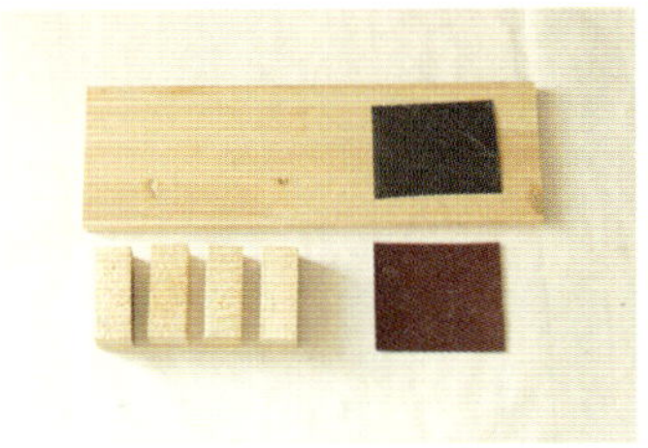

식탁 상판과 다리의 모서리, 튀어나온 가시 등을 각각 200방과 100방의 사포로 문질러 정리합니다.

## 2 페인팅하기

1: 식탁 상판을 나무결이 비치도록 우드 스테인으로 페인팅합니다.

2: 다듬어진 나무 다리를 흰색 페인트로 칠합니다.

## 3 샌딩하기

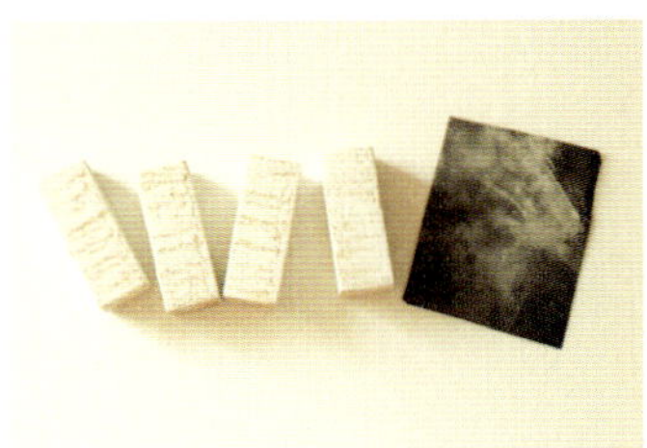

페인팅된 나무 다리를 200방 사포로 문질러 거친 결이 드러나게 합니다.

**tip**

식탁 다리에 거친 각재를 사용하고 페인팅한 후에 샌딩을 많이 해주면 단순한 형태의 식탁이라도 충분히 멋스러워집니다.

## 4 다리 부착하기

1: 상판 뒷면의 네 모서리에 목공 본드를 바르고 다리를 붙여줍니다.

2: 목공 본드가 다 마르면 상판 위로 머리 없는 못을 박아 다리를 단단히 고정해줍니다.

## 5 마감하기

식탁 상판과 상판 측면에 버니쉬를 발라 완성합니다.

프로방스풍
냥이식탁

우리 고양이는 특별해! 남들과 똑같은 모양의 식탁이 내키지 않는다면 프로방스풍의 식탁을 만들어주세요. 냥이들에게 좀 더 우아한 식사 시간을 선물할 수 있을 뿐 아니라 인테리어 효과도 있답니다. 반제품을 구입해서 다리만 붙이면 간단하게 완성되니 부담 없이 도전해보세요.

# 프로방스풍 냥이 식탁 만들기

**완성 사이즈** 가로 33×세로 18.5×높이 12cm
**재료** 양면 루터 가공으로 테두리에 모양을 낸 MDF 문패판(*구입처: 마이드림하우스) 32.7×18.5cm×1.8T 1개, 학다리 10cm 4개
**부재료** 사포 200방, 젯소, 블루 컬러 밀크 페인트, 브라운 앤틱 글레이즈, 버니쉬, 페인트 붓

### 1 재료 준비하기

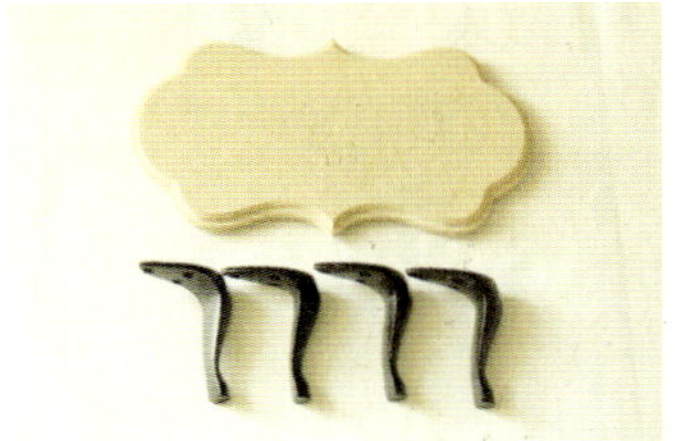

식탁 상판에 튀어나온 가시, 모서리 등을 200방 사포로 문질러 정리합니다.

### 2 페인팅하기

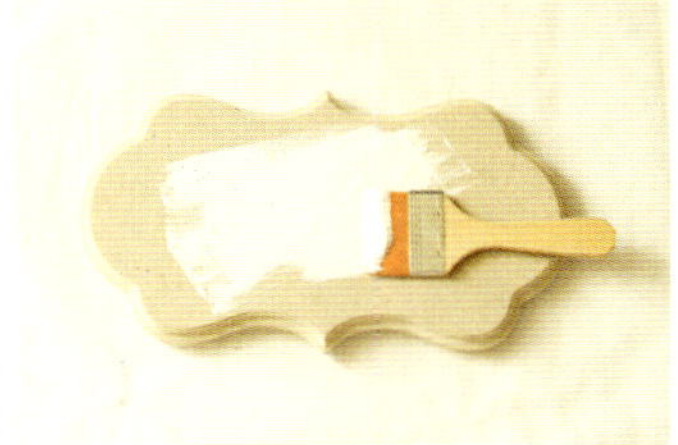

1: 식탁 상판으로 쓰일 문패판에 젯소를 칠해줍니다.

2: 젯소가 마르면 블루 컬러 밀크 페인트를 곡선 구석까지 꼼꼼히 발라줍니다.

### 3 샌딩하기

밀크 페인트가 마르면 200방 사포로 부드럽게 사포질해서 곡선(몰딩)이 두드러지게 해줍니다.

### 4 다리 부착하기

상판을 뒤집어 돌출된 모서리 네 곳에 나사못으로 학다리를 고정해줍니다.

학다리는 청동이나 크롬 등 금속 주물로 제작한 다리로 가늘고 살짝 구부러진 곡선 형태입니다. 원목 등의 목재와 함께 사용하면 우아하고 앤틱한 느낌을 살릴 수 있습니다.

## 5 테크니컬 페인팅하기

1: 식탁 상판에 브라운 앤틱 글레이즈를 전체적으로 발라줍니다.

2: 글레이즈를 바르고 20분 내에 젖은 천을 이용하여 상판 가운데를 중심으로 닦아줍니다.

3: 샌딩 처리한 곡선 부분이 두드러지도록 신경 써서 닦아줍니다.

## 6 마감하기

글레이즈가 다 마르면 버니쉬를 전체적으로 발라서 완성합니다.

스탠드
낚싯대

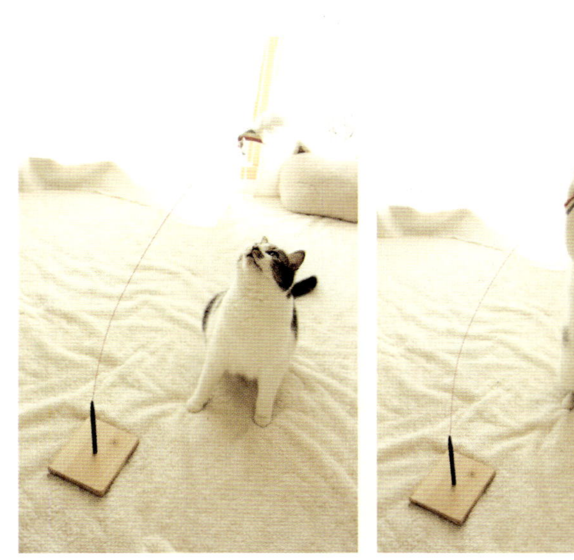

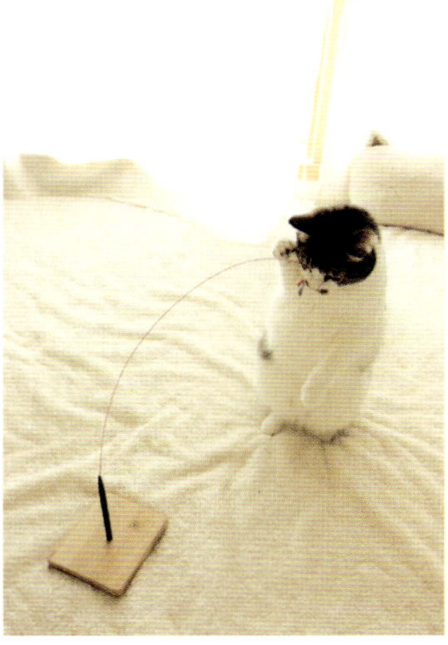

집사의 체력이 고양이들을 따라잡지 못할 때 절실하게 필요한 스탠드 낚싯대입니다. 탄성이 있는 철사 끝에 고양이들이 몹시도 좋아하는 깃털을 달아주고 세워서 고정할 수 있게 만들어 고양이 혼자서도 즐겁게 놀 수 있어요.

# 스탠드 낚싯대 만들기

**완성 사이즈** 가로 13×폭 12×높이 66cm
**재료** 삼나무 판 13×12×두께 1.5cm 1개, 탄성이 강한 철사 70cm 1개, 볼펜 1자루, 리본 테이프, 깃털
**부재료** 4.5cm 이상 나사못, 글루건, 니퍼

## 1 바닥 만들기

1: 삼나무의 모서리 등 날카로운 부분을 사포로 정리한 후 가운데 지점에 나사못을 박아줍니다.

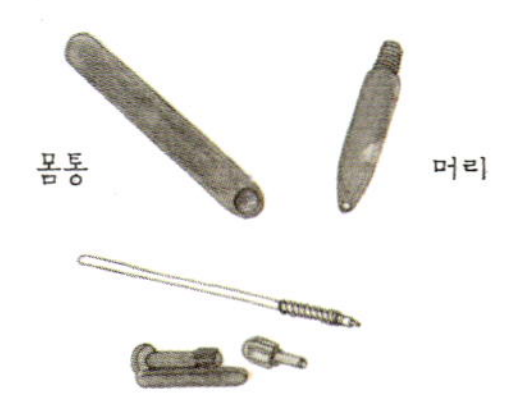


2: 볼펜을 분리해서 내용물을 빼내고 머리와 몸통만 사용합니다.

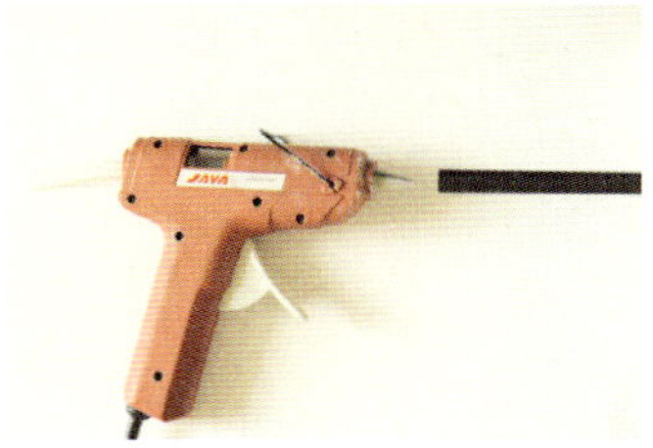

3: 글루건을 이용해 볼펜 몸통 안을 채워줍니다. 나사못이 박힐 수 있게 하는 장치입니다.

4: 볼펜 몸통을 튀어나온 나사못에 끼워 고정합니다.

## 2 낚싯대 고정하기

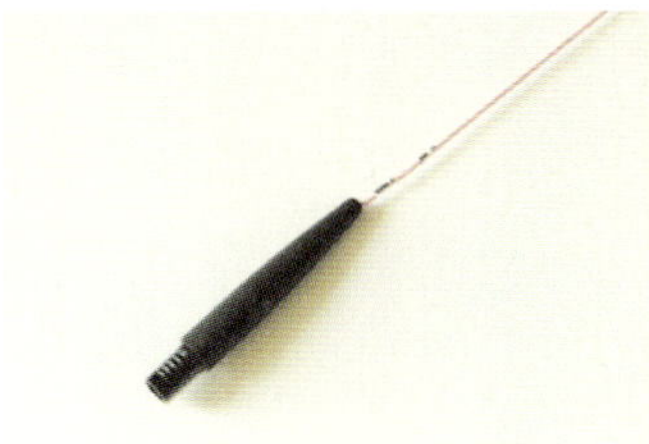

1: 장난감이 떨어져 못쓰게 된 낚싯대 철사를 볼펜 머리에 끼우고 끝부분을 니퍼로 구부려 빠지지 않게 고정합니다.

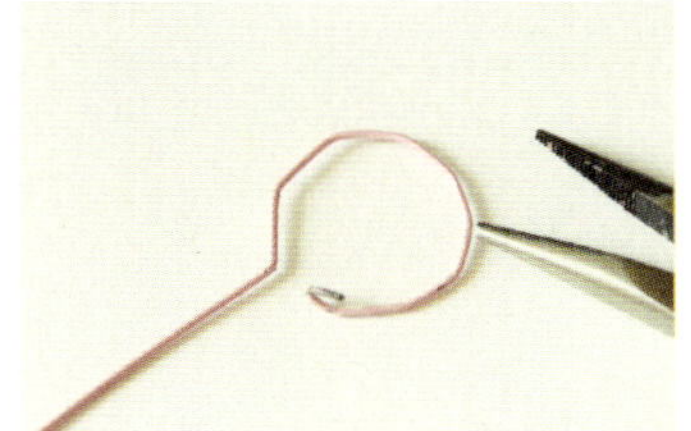

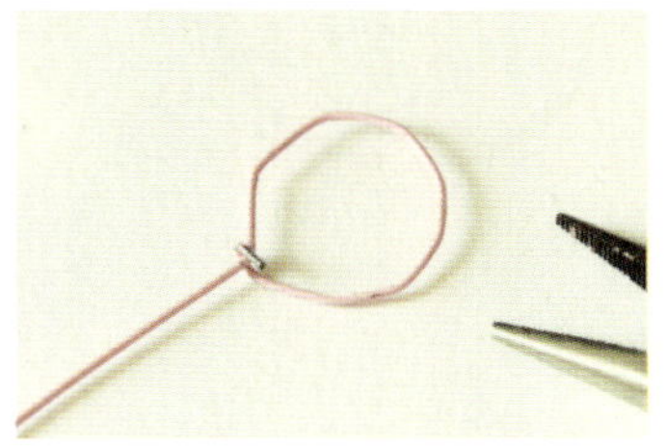

2: 철사의 머리 부분은 니퍼로 구부려 동그랗게 원을 만들고 끝을 짧게 구부려 고리처럼 서로 걸리게 합니다.

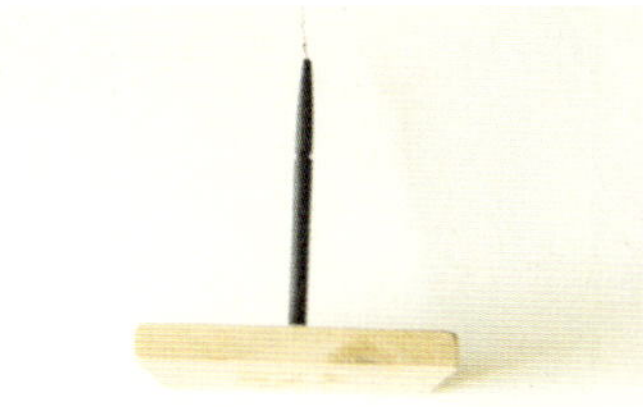

3: 볼펜 몸통에 볼펜 머리를 돌려서 끼웁니다.

## 3 깃털 달기

1: 고리처럼 만든 끝부분에 리본 테이프를 묶어서 날카로움을 감춥니다.

2: 투명 테이프로 깃털 등을 고정하여 완성합니다.

**tip**

깃털 외에 소리가 나는 작은 방울, 쥐돌이, 폼폼볼, 가죽끈, 술 등을 달아도 고양이들이 좋아합니다.

타일 매트

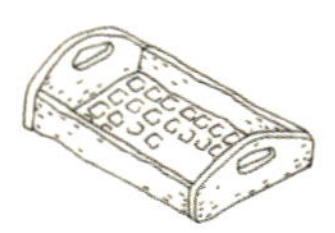

털옷을 껴입고 있어 무더운 여름이면 축 처져 있는 냥이들. 현관이나 화장실 바닥을 찾아 자리 잡는 냥이들이 안쓰러웠다면 더위를 식혀줄 타일 매트를 만들어주세요. 시원한 색상의 타일을 원목 트레이에 붙여주기만 하면 됩니다. 여름이 지나 냐옹이가 거들떠 보지 않으면 트레이로 활용할 수도 있으니 일석이조!

# 타일 매트 만들기

**완성 사이즈** 가로 55.6×세로 33.6×높이 6.8cm
**재료** 원목 트레이 55.6×33.6×6.8cm 1개, 자기질 모자이크 타일(25mm) 30×30cm 2장
**부재료** 타일 접착제(분말형) 1.5kg 1봉, 타일 줄눈제(분말형) 1.5kg 1봉, 뿔헤라, 사포 200방, 우드 내추럴 스테인, 페인트, 페인트 붓

## 1 트레이 준비하기

1: 원목 트레이의 표면을 200방 사포로 문질러 다듬어줍니다.

2: 타일을 붙일 바닥면을 제외하고 원목 트레이에 전체적으로 우드 스테인을 칠해줍니다.

## 2 타일 재단하기

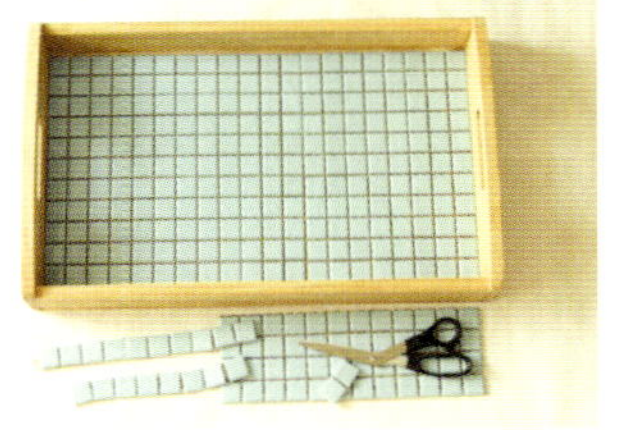

타일을 트레이에 넣어서 간격을 맞춰본 후 불필요한 타일은 가위로 잘라냅니다. 타일의 뒷면은 그물망으로 연결되어 있어 조각조각 나누기 쉽습니다.

## 3 타일 붙이기

1: 타일 접착제를 준비합니다.

2: 볼에 접착제를 적당량 붓고 물과 섞어 반죽합니다. 반드시 손을 보호할 수 있는 보호 장구를 착용해야 합니다.

3: 물을 조금씩 부어가며 밀가루 반죽처럼 될 때까지 반죽합니다(접착제와 물의 비율은 1:1 또는 1.5:1).

4: 반죽한 접착제를 트레이 바닥 전체에 2~3mm 정도 두께가 되도록 펴발라줍니다.

tip

원목 트레이에 타일 접착제를 바를 때는 많이 바르지 말고 최대한 얇게 도포해야 후 작업으로 바르는 줄눈제가 고르게 들어갑니다. 줄눈제는 타일의 접착력과 내구성을 높여주고, 타일 틈새에 끼는 이물질과 곰팡이, 물때를 방지하기 위해 바릅니다.

5: 뿔헤라를 이용해 접착제에 결을 만들어줍니다.

6: 재단해놓은 타일을 트레이에 깔아주고 손으로 지그시 눌러 고정합니다. 접착제를 바른지 20분 안에 작업을 완료하도록 합니다.

7: 타일 줄눈 사이로 밀려나온 접착제는 뾰족한 도구를 이용해 제거하고 걸레로 살짝 닦아줍니다.

8: 타일 줄눈제 분말을 볼에 적당량 덜고 물과 잘 섞어 곱게 반죽합니다. 타일을 접착하고 2~3시간 후에 작업하도록 합니다.

9: 반죽한 줄눈제를 트레이에 덜고 타일 사이사이에 골고루 들어가도록 꼼꼼히 문질러줍니다.

10: 30분 후 젖은 천을 이용해 타일 표면을 살살 닦아줍니다. 이때 줄눈이 파이지 않도록 주의해야 합니다.

11: 천을 빨아가며 타일 면이 깨끗해질 때까지 여러 번 닦아내면 완성입니다.

# 해먹

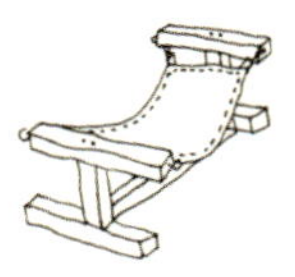

느긋하고 편안한 고양이들의 휴식 장소. 해먹에서 낮잠을 자는 냥이들을 보기만 해도 일상에 지친 집사들의 마음에 여유로움이 찾아올 거예요. 나무 프레임을 흔들림 없이 튼튼하게 만드는 것이 가장 중요합니다. 나무 프레임을 따로 만들지 않고 캣타워 기둥에 해먹만 달아줘도 돼요.

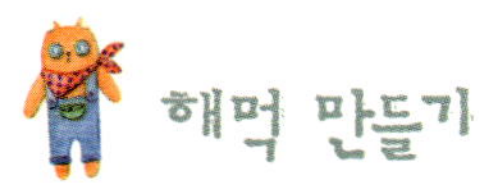

# 해먹 만들기

**완성 사이즈** 가로 79×세로 53×높이 39cm

**재료** 뒤판 – 거친 황마 리넨 74×54cm 1장, 앞판 – 선염 리넨 스트라이프 베이지 74×54cm 1장
나무 프레임 – 스프러스 각재 4.5×4.5×50cm 4개, 4.5×4.5×30cm 2개, 4.5×4.5×70cm 1개

**부재료** 평철 2개, 꺾쇠 2개, ♀모양 컵후크 4개, 가방 고리 4개, 웨이빙 끈(폭 2.5cm) 10cm 4개, 5cm 이상 나사못 여러 개

## 1 원단 재단하기

사이즈대로 완성선을 그리고 시접을 2cm씩 남기고 재단해줍니다.

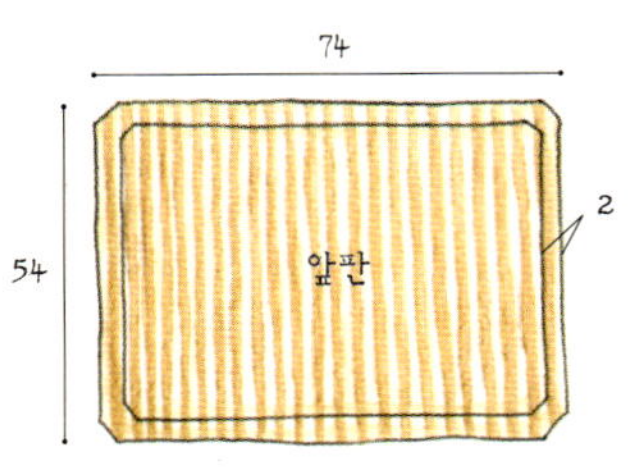


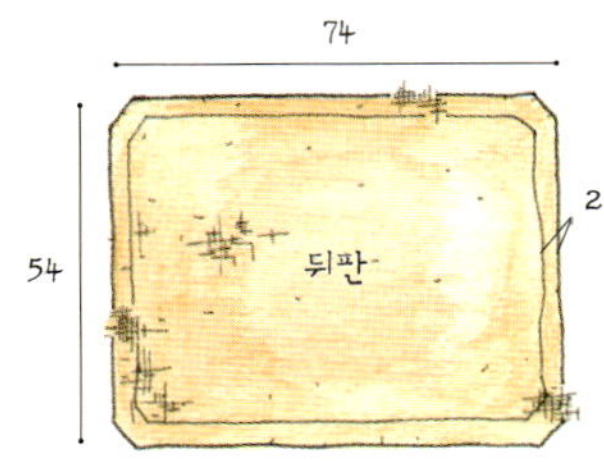


## 2 연결 고리 만들기

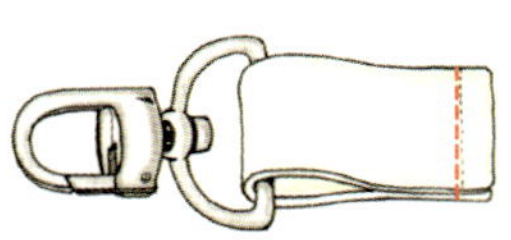

가방 고리에 웨이빙 끈을 끼우고 끝단을 박음질해줍니다.

## 3 고리 고정하기

뒤판의 겉면 네 모서리에 가방 고리가 안으로 향하게 하여 사선으로 웨이빙 끈을 놓습니다. 그 위에 앞판의 겉이 아래로 향하도록 놓고 시접 2cm 안쪽을 박음질해 웨이빙 끈을 고정합니다.

## 4 바느질하기

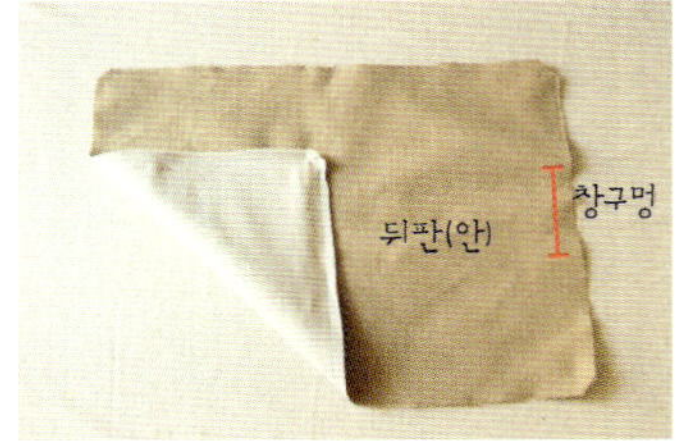


1: 네 모서리에 고리가 고정되었으면 창구멍을 10cm 남겨놓고 완성선을 따라 박음질해줍니다.

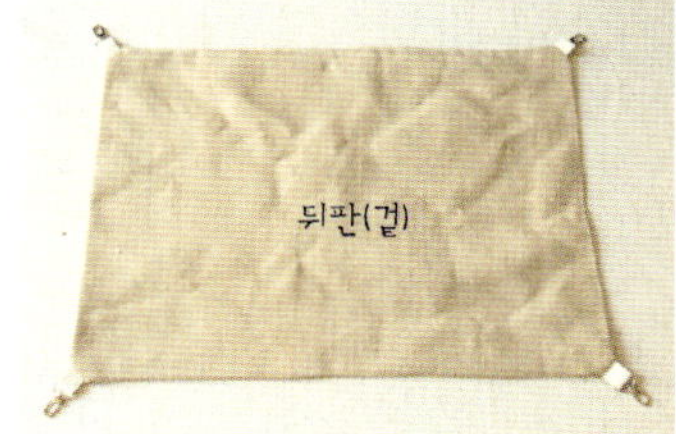


2: 창구멍으로 뒤집어서 모양을 정리한 후 공그르기로 창구멍을 막아줍니다.

3: 다림질하여 주름을 펴줍니다.

4: 완성선의 1cm 안쪽으로 테두리를 박음질하여 해먹을 완성합니다.

## 5 나무 손질하기

사포로 각재의 모서리 등을 다듬어줍니다.

## 6 나무에 구멍 내기

1: 전동 드릴에 3cm 정도의 깊이를 낼 수 있도록 이중 드릴비트를 고정합니다.

2: 50cm 길이의 각재 4개에 중간 지점을 표시하고 전동 드릴을 이용해 두 곳에 구멍을 내줍니다.

## 7 나무 프레임 조립하기

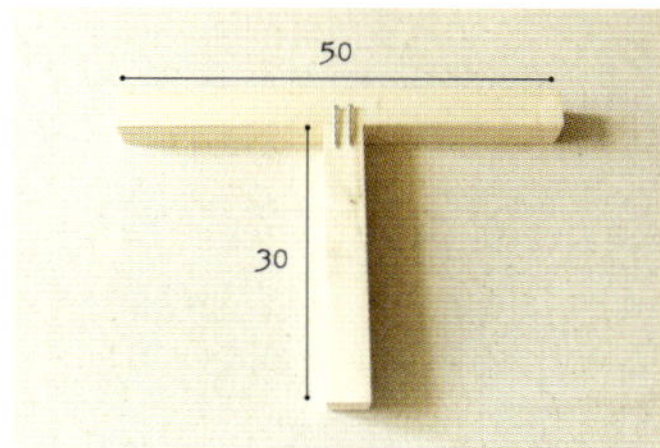


1: 구멍을 뚫어놓은 50cm 각재 중간에 30cm 각재를 T자가 되게 수직으로 놓고 나사못으로 고정해줍니다(기둥).

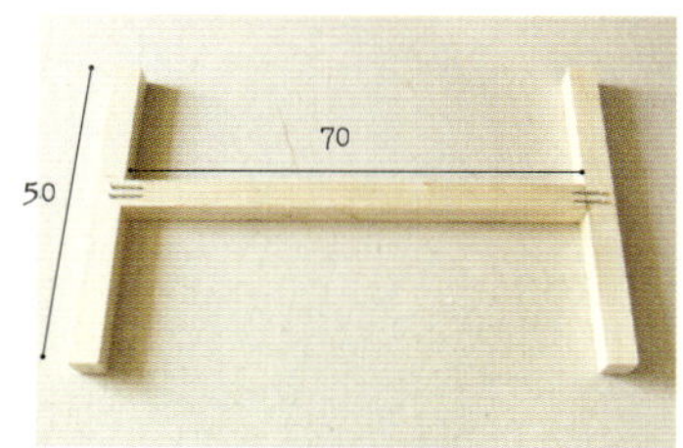


2: 50cm 각재 2개와 70cm 각재를 H자 모양으로 놓고 나사못으로 고정해줍니다(바닥).

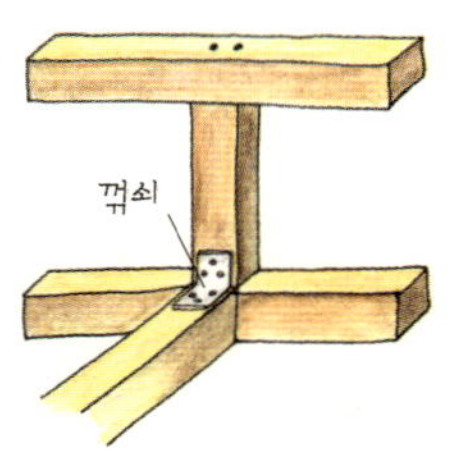


3: H자형 각재 양쪽으로 T자형 각재를 올린 다음 안쪽 면을 꺾쇠로 고정합니다.

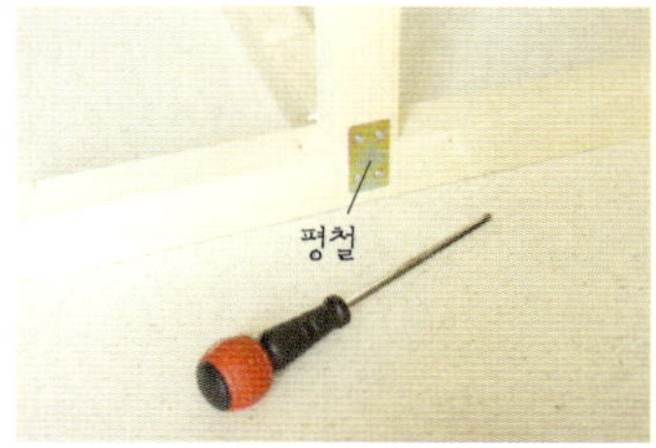


4: 바깥쪽을 평철로 고정하여 프레임을 완성합니다.

## 8 마무리하기

1: T자형 각재 양끝에 ⚲모양 컵후크를 고정해줍니다. 반대쪽 T자형 양끝에도 컵후크를 고정합니다.

2: 만들어놓은 해먹 고리를 컵후크에 걸어서 완성합니다.

# 아지트형 계단

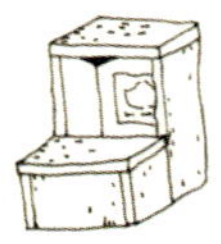

몸무게가 많이 나가는 뚱뚱한 고양이, 다리가 짧아 높은 곳에 올라가기 힘든 아기 고양이, 관절이 약한 나이 든 고양이를 위한 계단입니다. 냥이들이 자주 오르락내리락 하는 침대나 캣타워 옆에 놓아주면 한 계단씩 밟고 오르내릴 수 있어 관절 건강에 도움이 됩니다. 계단 안쪽을 비워서 숨바꼭질 놀이도 가능하답니다.

# 아지트형 계단 만들기

**완성 사이즈** 가로 40×폭 40×높이 47.4cm

**재료** 상판 1,2 – 스프러스 집성목 40×20cm×2.4T 2개, 옆판 1,2 – 스프러스 집성목 45×20cm×1.8T 2개
옆판 3,4 – 스프러스 집성목 20×20cm×1.8T 2개, 뒤판 – 스프러스 집성목 36.4×45cm×1.8T 1개
앞판 – 스프러스 집성목 36.4×20cm×1.8T 1개, 간격재 – 스프러스 집성목 36.4×5cm×1.8T 1개

**부재료** 평철 4개, 나사못, 사포 200방, 우드 내추럴 스테인, 화이트 워싱 페인트, 냅킨 1장, 버니쉬, 페인트 붓

## 1 구성 물품 확인하기

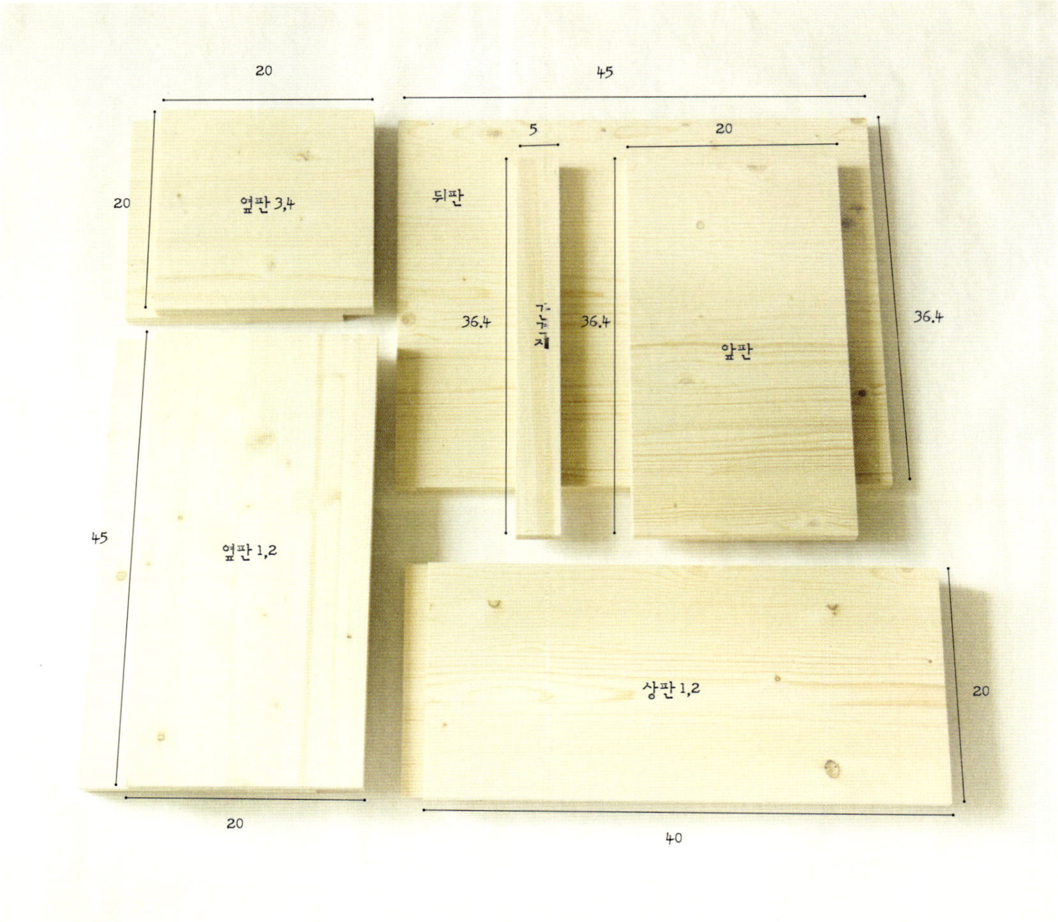

목재가 사이즈와 수량에 맞게 재단되었는지 확인합니다.

## 2 나무에 나사 구멍 내기

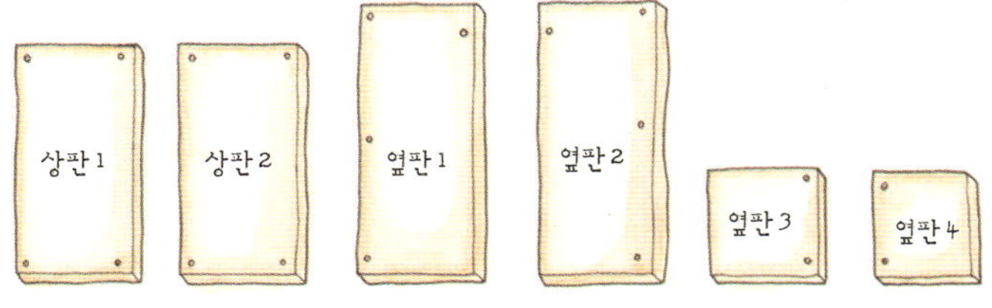


1: 상판 1, 2와 옆판 1~4에 나사를 고정할 점을 미리 표시해둡니다.

2: 전동 드릴에 이중 드릴 비트를 끼우고 표시한 점에 구멍을 내줍니다.

## 3 조립하기

1: 옆판 1과 3을 반듯하게 눕히고 평철로 연결시킵니다.

2: 반대 방향으로 옆판 2와 4를 눕히고 평철로 연결하여 계단의 양쪽 옆판을 만들어놓습니다.

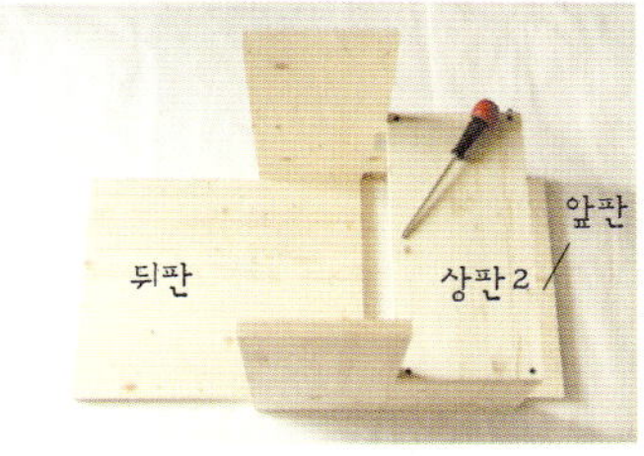


3: 완성된 옆판 2개를 평철로 고정된 부분이 안으로 향하게 세웁니다. 뒤판과 앞판을 옆판 사이에 눕혀 간격을 맞추고 상판 2를 옆판에 고정합니다.

4: 뒤판과 앞판을 세워서 옆판에 나사못으로 고정합니다.

5: 5cm 간격재를 고정해줍니다.

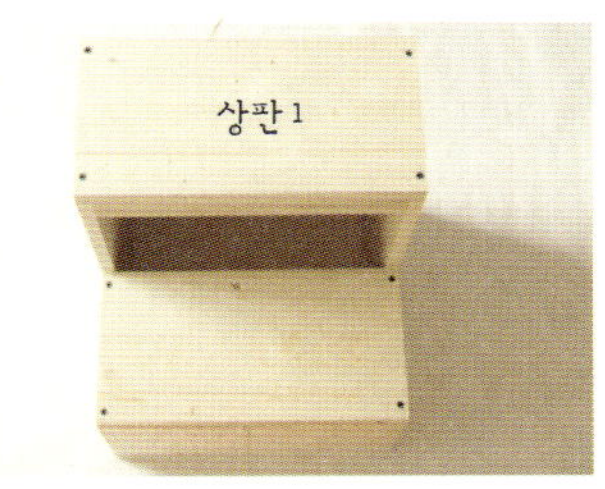


6: 상판 1을 나사못으로 고정하여 조립을 끝냅니다.

## 4 샌딩하기

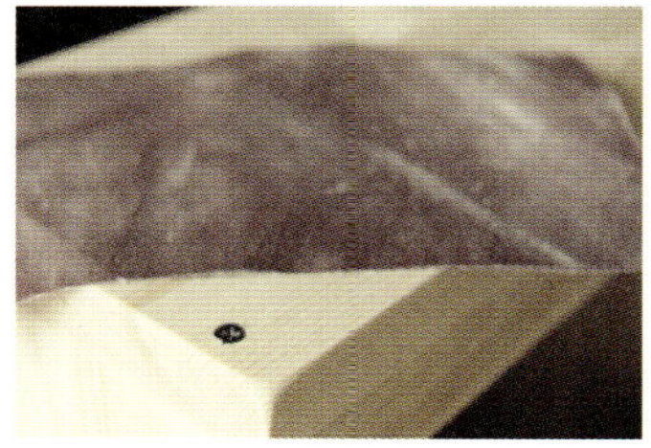

계단의 모서리와 각진 부분을 사포로 샌딩하여 부드럽게 다듬어줍니다.

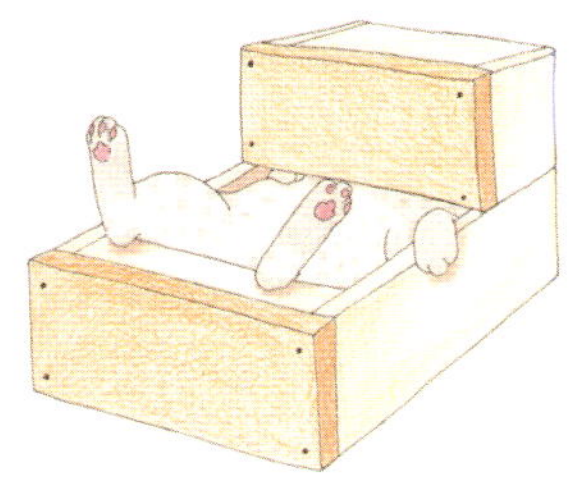

## 5 페인팅하고 마감하기

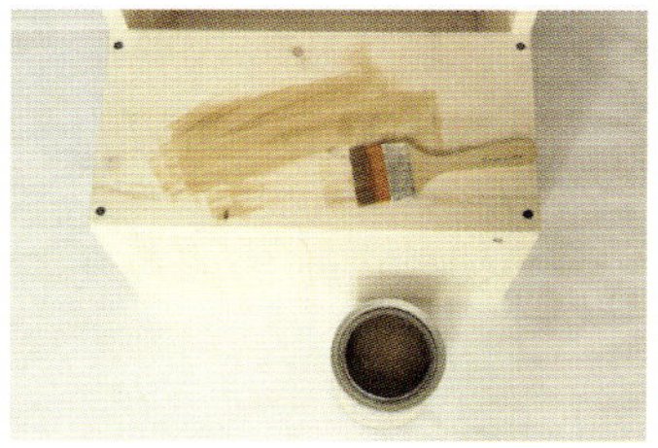

1: 상판 1과 2를 우드 내추럴 스테인으로 칠해줍니다.

2: 상판을 제외한 나머지 부분에 화이트 워싱 페인트를 칠해줍니다.

**tip**

일반 화이트 컬러 페인트(수성)에 물을 1:1 또는 1:1.5의 비율로 섞어서 사용하면 워싱 페인트를 바른 것처럼 나무결이 은은하게 비치는 효과를 얻을 수 있으며 비용 면에서도 절약할 수 있습니다.

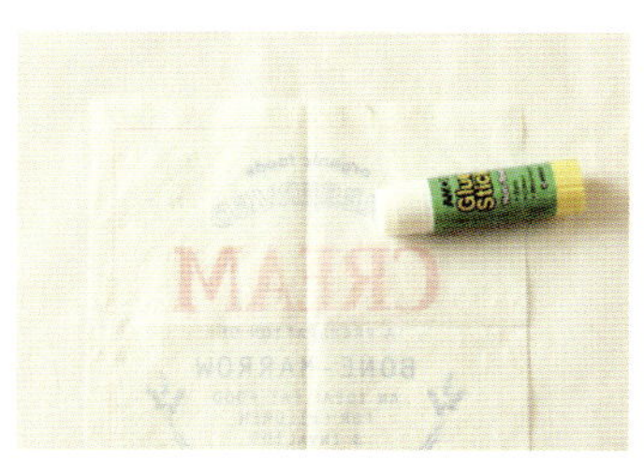


3: 준비한 냅킨의 프린트된 겉면만 분리하여 찢어지지 않도록 조심스럽게 풀칠합니다.

4: 계단 안쪽에 냅킨을 잘 펴서 붙이고 그 위에 버니쉬를 칠해 완성합니다.

완성!

찹쌀또옥~~

꼴까닥~

레트로풍
소파

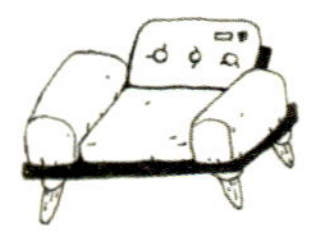

자신이 쓰는 것과 똑같은 물건들을 냥이에게 선물하고픈 집사들의 소망을 이뤄줄 근사한 소파랍니다. 식탁이나 작은 소품과 함께 냥이만의 휴식 공간을 연출해주세요. 집사의 사랑과 노력이 듬뿍 들어간 만큼 즐겨 사용해줄 거예요.

# 레트로풍 소파 만들기

**완성 사이즈** 가로 66×세로 46×높이 40cm

**재료** 등받이 원단 – 내추럴 리넨 106×39cm 1장, 팔걸이 원단 – 내추럴 리넨 54×80cm 2장
바닥 쿠션 원단 – 내추럴 리넨 55×86cm 1장, 프레임 원단 – 갈색 리넨 71×98cm 1장
나무 밑판 – 스프러스 집성목 66×46×1.5T 1개, 나무 등받이 – 스프러스 집성목 46×14×1.5T 1개
사선형 원목 다리(높이 10cm) 4개(*구입처: 손잡이닷컴), 고탄성 스펀지 46×46×5cm 3장

**부재료** 방울솜 500g, 원형 나무 단추 3개, 와펜 또는 라벨 2개, 꺾쇠(중) 2개, 머리 없는 못, 글루건, 나사못,
우드 내추럴 스테인, 페인트 붓, 목공 본드

## 1 고탄성 스펀지 재단하기

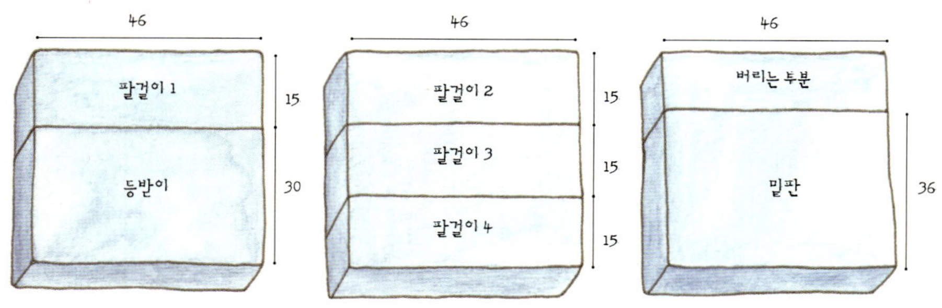


1: 커터칼을 이용해 사이즈에 맞게 고탄성 스펀지를 재단합니다.

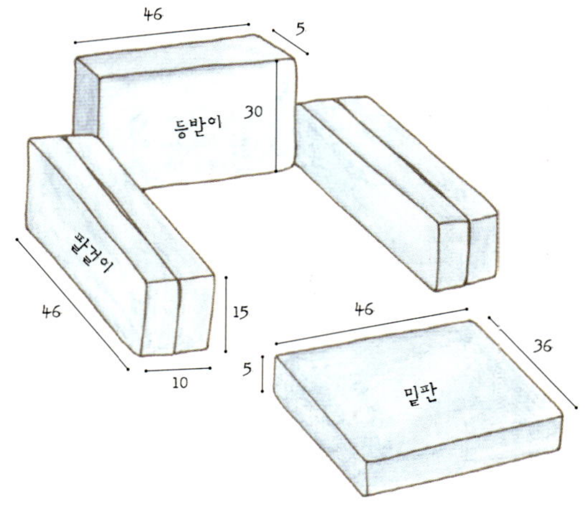


2: 팔걸이에 쓰일 스펀지는 양면 테이프를 이용해 2개씩 부착하여 두께가 10cm가 되도록 준비해놓습니다.

## 2 원단 재단하기

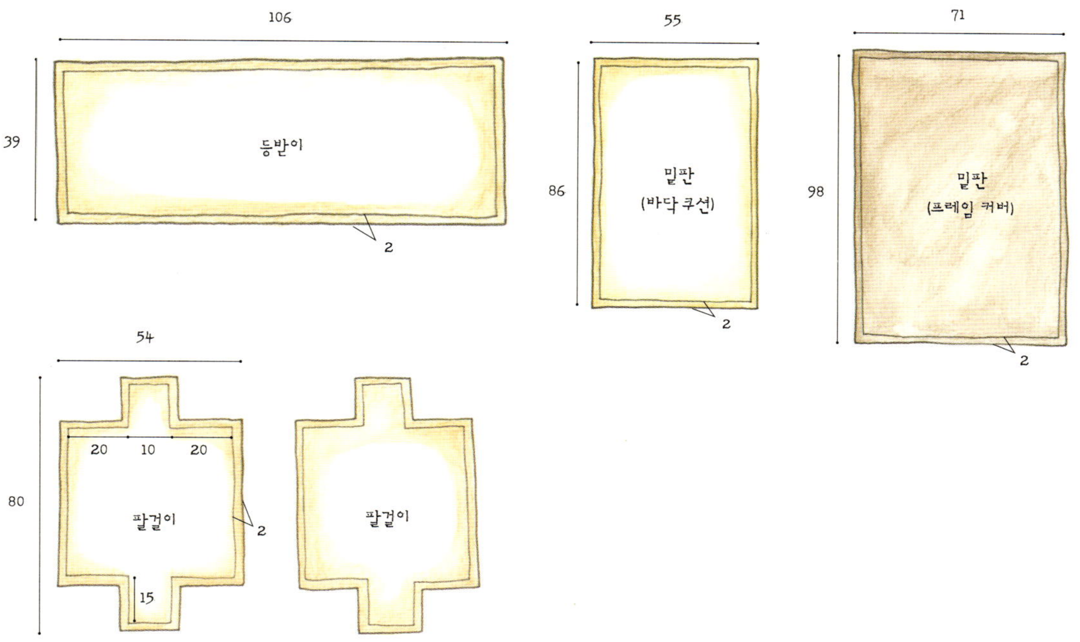


사이즈에 맞춰 등받이, 바닥, 팔걸이 쿠션 커버와 프레임 커버를 재단해놓습니다.
후 작업에 솜이 소량 들어가므로 시접은 넉넉하게 2cm를 줍니다.

고탄성 스펀지(High Resilience)는 고탄성 우레탄 폼으로 탄력성과 내구성이 뛰어나 반영구적으로 사용할 수 있습니다. 가볍고 폭신하며 완충 효과가 있어 유아용품과 반려동물의 쿠션과 매트 등에 안성맞춤입니다.

## 3 프레임 만들기

### 1) 페인팅하기

나무 등받이와 원목 다리를 페인팅해줍니다.

### 2) 커버 만들기

1: 재단해놓은 갈색 리넨을 반으로 접어 시접 2cm를 남기고 옆면과 윗면을 박음질합니다.

2: 박음질된 원단을 뒤집고 밑판으로 쓸 원목을 넣어줍니다.

3: 나무 밑판을 모서리 끝까지 넣고 입구를 공그르기로 막아줍니다.

### 3) 다리 부착하기

1: 밑판의 네 모서리에 목공 본드를 바르고 원목 다리가 바깥쪽을 향하게 하여 부착합니다.

2: 머리 없는 못으로 튼튼하게 고정해줍니다.

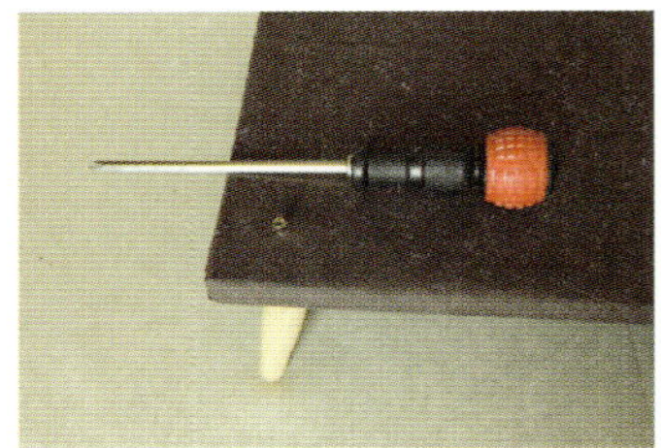

3: 바로 세우고 위에서 나사못을 한번 더 박아줍니다.

#### 4) 등받이 부착하기

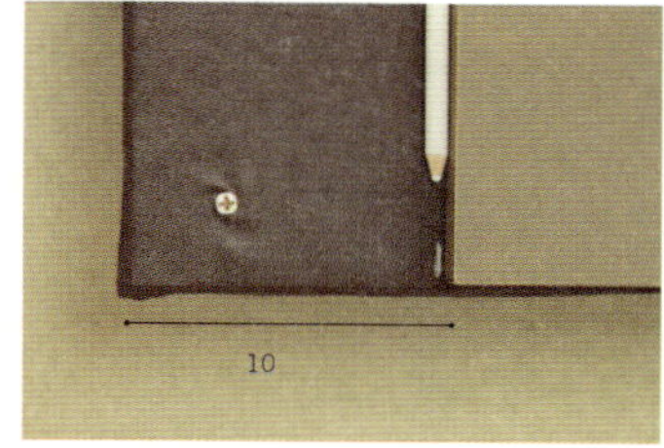


1: 밑판에 등받이를 부착합니다. 먼저 양쪽에 팔걸이가 놓일 공간 10cm를 남겨두고 나무 등받이를 고정할 위치를 표시합니다.

2: 밑판 아래쪽에서 머리 없는 못으로 등받이를 고정합니다.

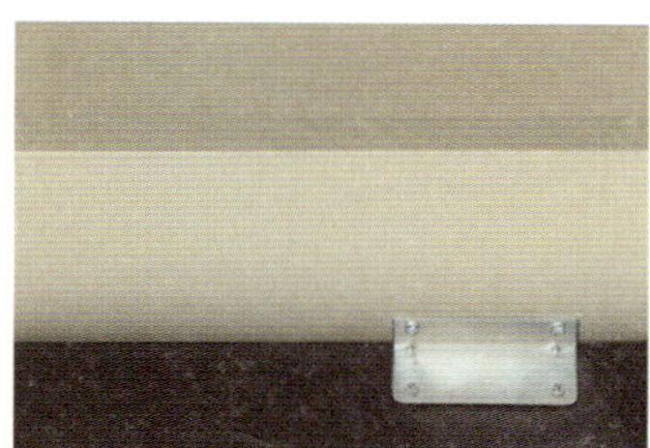

3: 안쪽에서 꺾쇠 2개로 한번 더 고정하여 프레임을 완성합니다.

## 4 쿠션 만들기

### 1) 등받이 쿠션 만들기

1: 등받이 원단을 반으로 접어 시접 2cm를 남기고 한 면을 박음질합니다.

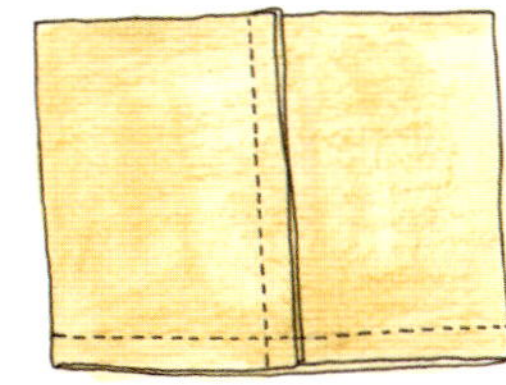

2: 박음질한 부분이 가운데로 오게 접은 다음 아랫단에 시접 2cm를 남기고 박음질합니다.

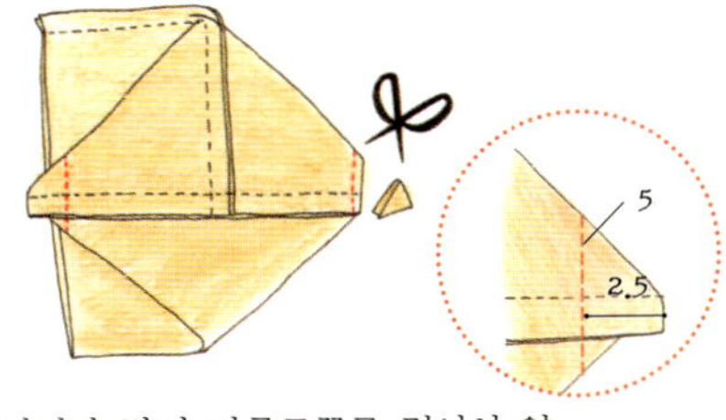


3: 사진과 같이 마름모꼴로 접어서 양쪽 모서리 끝에서 2.5cm 안으로 5cm 길이가 되게끔 바느질 선을 그어줍니다. 양쪽 모두 선을 따라 박음질하고 남은 천은 잘라냅니다.

4: 뒤집어서 등받이로 쓸 스펀지를 넣어줍니다. 옆면, 윗판, 헤드 쪽에 볼륨감이 느껴지도록 방울솜을 꼼꼼히 넣어줍니다.

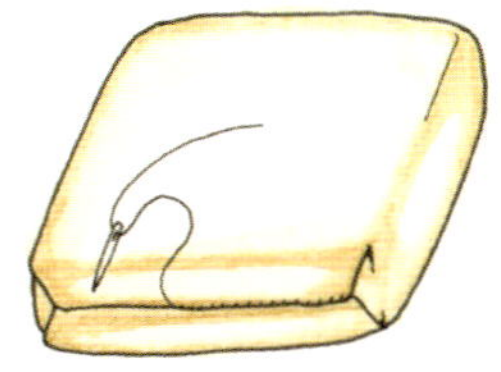

5: 선물 포장하듯이 시접을 접어 넣고 공그르기하여 입구를 막아줍니다.

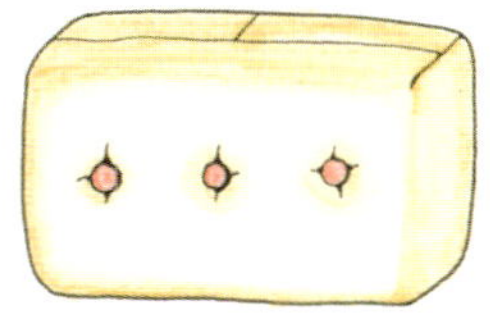

6: 일정한 간격을 두고 단추 3개를 달아줍니다.

### 2) 팔걸이 쿠션 만들기

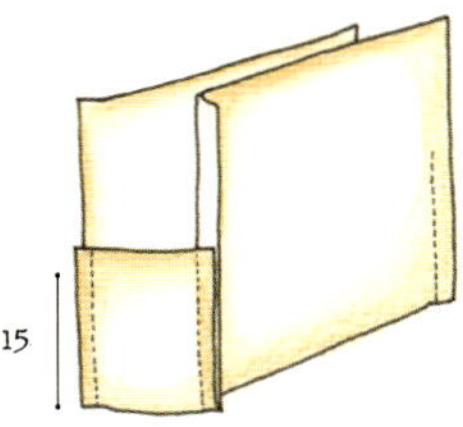


1: 재단한 팔걸이 원단에서 15cm 튀어나온 부분을 옆면과 맞닿게 접어올려 시접을 박음질합니다.

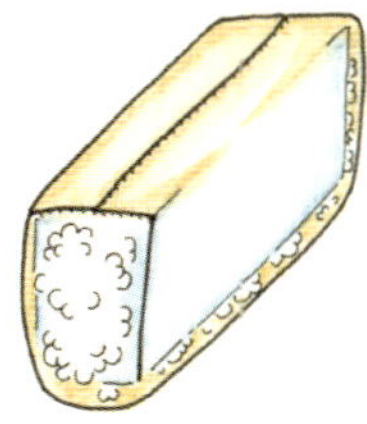

2: 뒤집어서 스펀지와 방울솜을 넣어줍니다. 입구의 시접을 접어 넣고 공그르기로 막아줍니다. 같은 방법으로 팔걸이 쿠션을 2개 완성합니다.

### 3) 바닥 쿠션 만들기

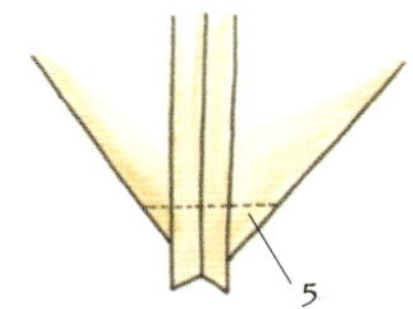


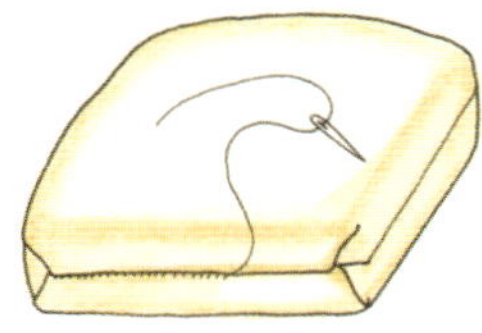

1: 원단을 긴 쪽으로 반 접어 양옆을 박음질합니다.

2: 박음질한 부분을 가름솔하여 마름모꼴로 접고 폭이 5cm가 되는 부분을 박음질합니다. 남은 천은 잘라서 정리합니다.

3: 뒤집어서 스펀지와 방울솜을 채우고 공그르기로 입구를 막아줍니다.

## 5 프레임에 쿠션 부착하기

글루건을 이용하여 프레임에 팔걸이 쿠션, 바닥 쿠션, 등받이 쿠션의 순서로 붙여줍니다.

## 6 마무리하기

와펜이나 라벨 등으로 장식해 완성합니다.

냥이용
펜션
COUNTRY
HOUSE
OPEN

반제품으로 나와 있는 더스트 박스를 이용하면 생각보다 쉽게 냥이용 펜션을 만들 수 있어요. 지붕을 여닫을 수 있고 앞면에는 창문과 문을 내주어 놀이용으로도 좋습니다. 고양이들이 올라가면 형태가 흐트러지는 패브릭 하우스들과 달리 마구 올라가 밟아도 끄떡없는 튼튼함이 무엇보다도 큰 장점입니다.

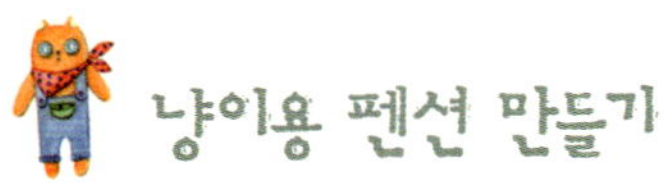

# 냥이용 펜션 만들기

**완성 사이즈** 가로 64.5×폭 33×높이 60cm
**재료** 더스트 박스 반제품(대) – 33×32×60cm 2개(*구입처: 손잡이닷컴, THE DIY), 미니 액자 – 17×13cm 2개
**부재료** 더스트 박스 반제품에 포함되어 있는 흑경첩(소) 4개와 머리 없는 못(27mm) 8개, 평철 4개, 페인트, 사포, 쇠톱, 목공 본드, 꺾쇠 2개

## 1 구성 물품 확인하기

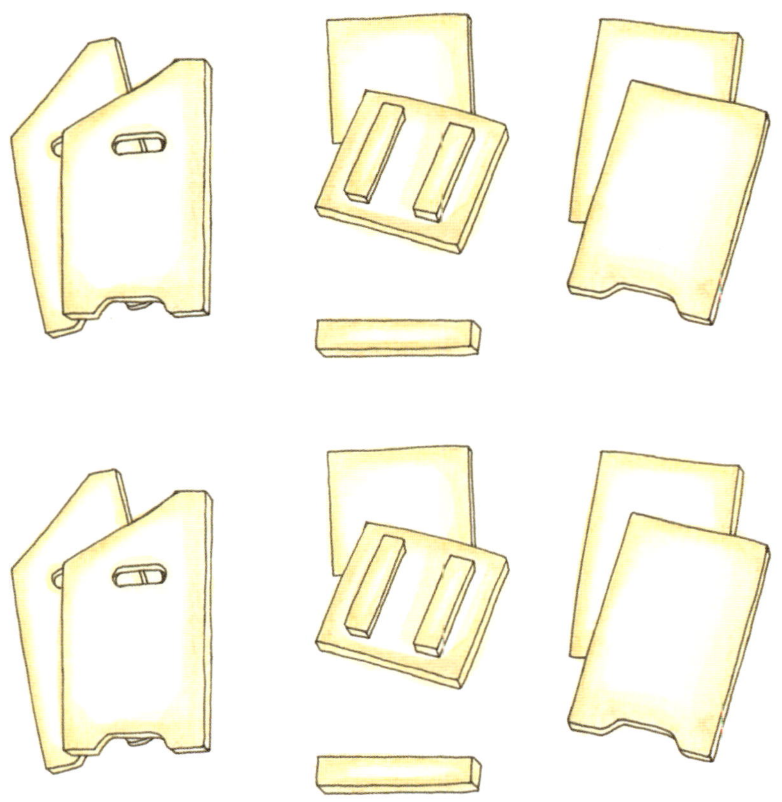

더스트 박스 2개를 이어붙여 집 모양을 만든다는 것을 먼저 이해하고 작업에 들어갑니다.

## 2 창문 만들기

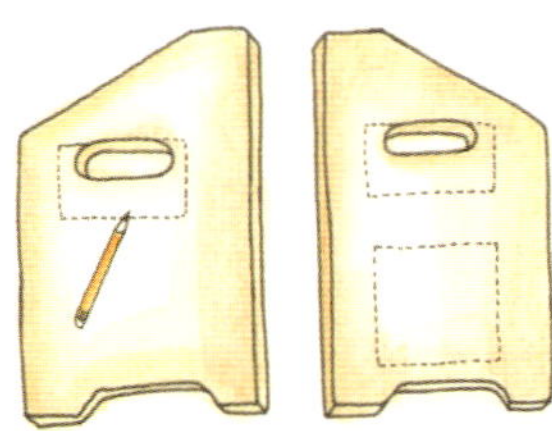

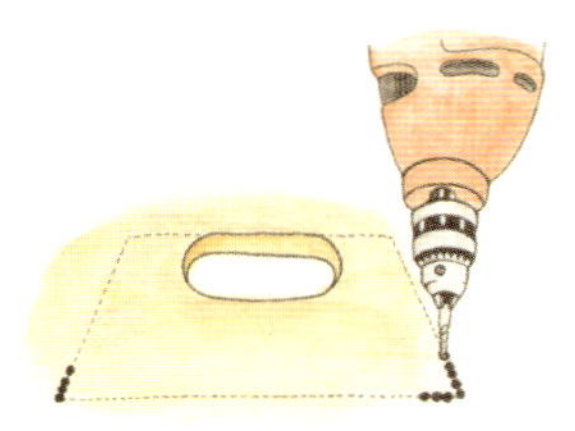

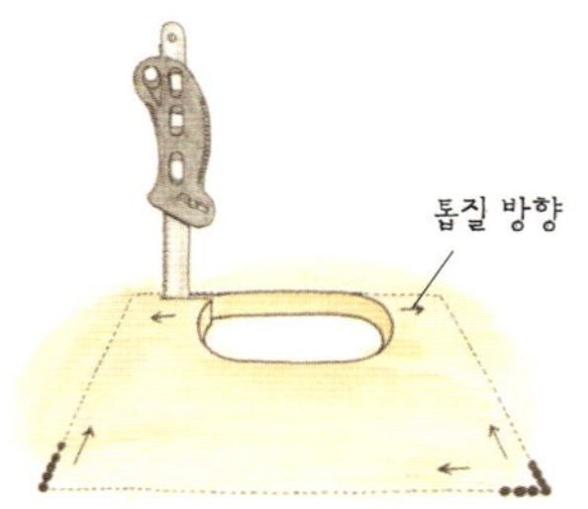


1: 더스트 박스 구성품 중 옆판 왼쪽과 오른쪽을 각각 바닥에 놓고 원하는 위치에 창문과 입구를 그려놓습니다. 창문은 미니 액자를 대고 액자 사이즈에 맞춰 그립니다.

2: 톱이 들어갈 구멍을 만들어줍니다. 그려놓은 창문 모서리 부분에 전동 드릴로 점을 여러 개 겹쳐 뚫어 구멍을 냅니다.

3: 길게 난 구멍으로 쇠톱을 넣고 연필선을 따라 톱질하여 창문을 뚫어줍니다. 더스트 박스 옆판에 나 있는 손잡이 구멍을 이용해 톱질하면 편리합니다.

## 3 입구 만들기

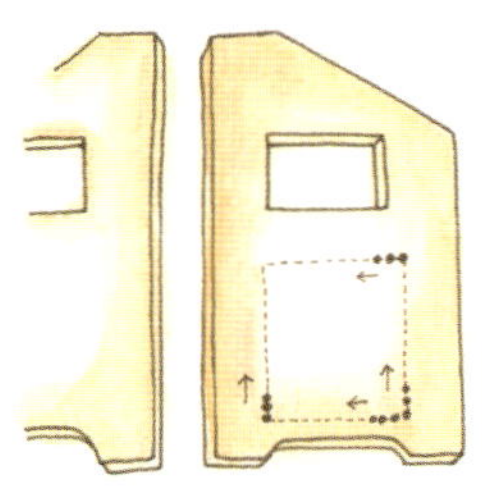

창문 뚫을 때와 마찬가지로 드릴로 구멍을 뚫어준 후 톱을 넣어 톱질해나갑니다(문 사이즈 가로 20×세로 24cm).

## 4 2층 판재 재단하기

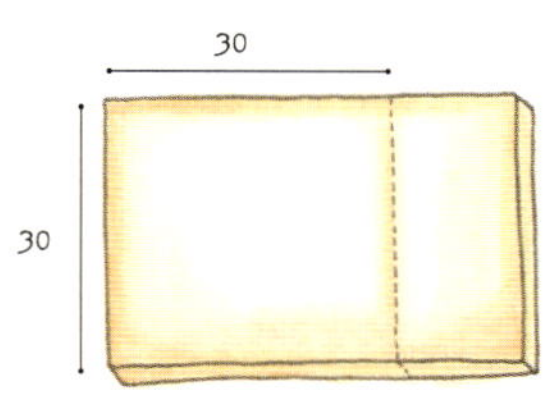


더스트 박스의 뒤판 중 하나는 2층에 쓰일 판재로 미리 재단해놓습니다(2층 판재 사이즈 30×30cm).

## 5 조립하기

1: 펜션 앞면과 뒷면을 만듭니다. 먼저 더스트 박스 옆판을 그림 과 같이 배치하고 왼쪽과 오른쪽이 맞닿는 면에 목공 본드를 발라 붙여줍니다. 평철로 다시 한번 고정합니다.

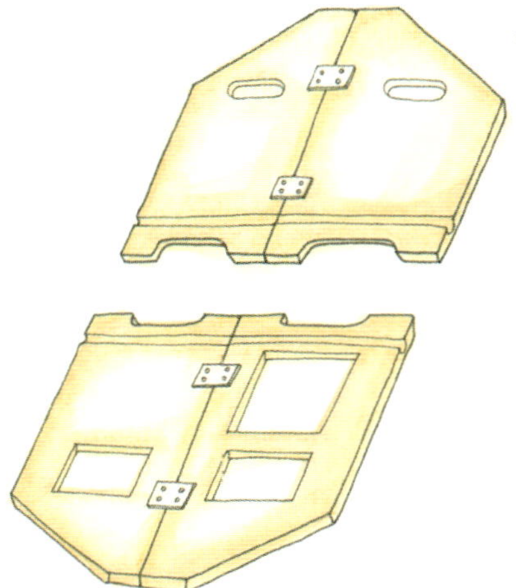

2: 앞면과 뒷면을 세워서 밑판 2개를 끼워줍니다.

3: 더스트 박스 앞판에 목공 본드를 바르고 펜션 양옆에 붙인 뒤 나사못으로 고정해줍니다.

①앞면, 뒷면을 세우고 ②밑판→③옆판→④2층 판재→⑤옆판의 순서로 고정

4: 재단해놓은 2층 판재를 끼우고 아래쪽에서 꺾쇠로 고정해줍니다.

5: 남은 한쪽 옆판을 고정시킵니다.

6: 기본 틀이 완성되면 지붕 간격재 양끝에 목공 본드를 발라 지붕의 맨 상단에 붙여주고 머리 없는 못으로 고정합니다.

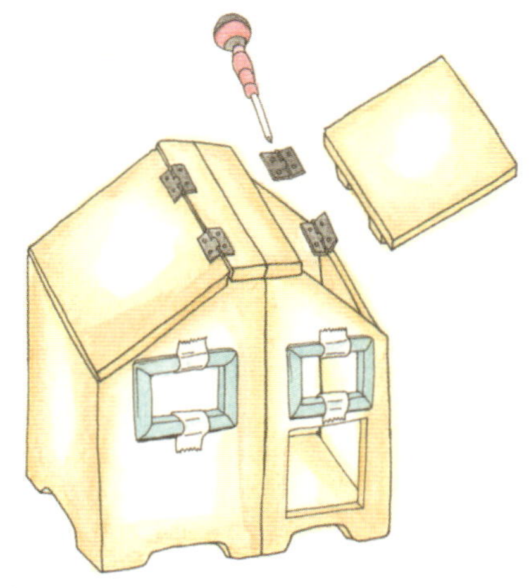

7: 고정된 지붕 간격재에 경첩으로 지붕 문짝을 고정시켜줍니다.

8: 뚫어놓은 창문에 목공 본드로 미니 액자를 부착합니다. 이때 목공 본드가 다 마를 때까지 투명테이프 등으로 액자를 고정해놓습니다.

## 6 페인팅하고 마감하기

1: 200방 사포로 모서리와 톱질 절단면 등의 날카로운 부분을 샌딩해서 부드럽게 다듬어줍니다.

2: 앞면에 난 나사못 구멍을 메꿈이(보수제)로 메꿔서 없앱니다. 메꿈이가 마르면 사포로 문질러서 평평하게 만들어줍니다.

3: 하우스 외부를 원하는 컬러로 페인팅한 후 마르면 버니쉬를 발라 마감합니다. 취향에 따라 스텐실로 글씨를 새길 수 있습니다.

캣타워와
캣워커
WEEKLY SCHEDULE
VINTAGE

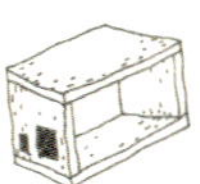

높은 곳에서 집사들을 내려다보는 걸 좋아하는 고양이들을 위한 캣타워. 냥이들의 동선을 생각하며 높이와 간격을 조절하고 각자의 집 공간에 알맞게 변형해서 만들어주는 것이 좋아요. 캣타워를 설치할 만한 공간이 부족하다면 벽에 선반을 부착해 간단하게 꾸며줄 수 있는 캣워커만으로도 충분합니다. 냐옹이들의 우아한 캣워크를 감상해볼 수 있을 거예요.

## 캣타워 만들기

**완성 사이즈** 가로 191×폭 40.4×높이 180cm
**재료** 상판 1 – 스프러스 집성목 가로 121× 폭 35cm×두께 2.4T 1개
상판 2 – 스프러스 집성목 161×35cm×2.4T 1개
상판 3, 5 – 스프러스 집성목 80×35cm×2.4T 2개
상판 4 – 스프러스 집성목 50×35cm×2.4T 1개
간격재 1, 2 – 스프러스 집성목 20×35cm×2.4T 2개
기둥 1~4 – 스프러스 집성목 길이 180×너비 9.5cm×두께 2.7T 4개
기둥 5, 6 – 스프러스 집성목 157.6×9.5×2.7T 2개
간격재 3 – 스프러스 집성목 35×9.5×2.7T 1개
**부재료** 4.5cm 이상의 나사못, 스크래치용 면로프 37m 2개, 사포

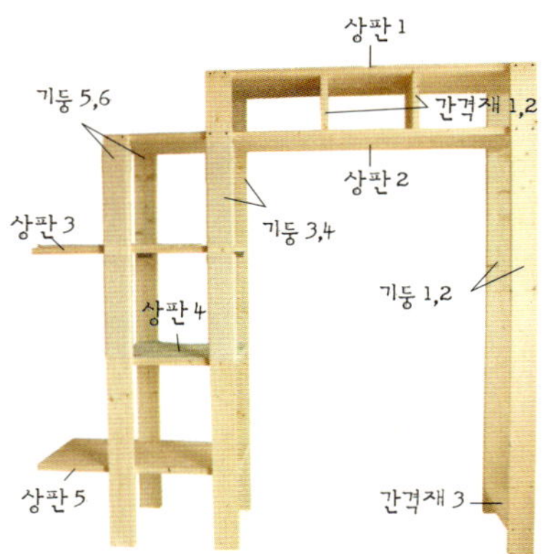


### 1 기둥과 상판에 나사 구멍 내기

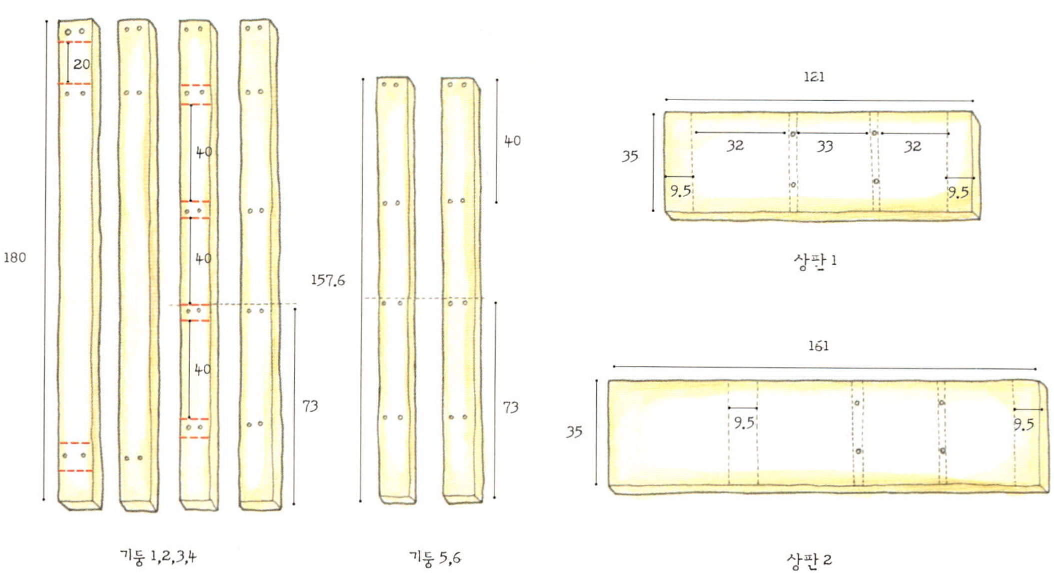


나무 표면과 모서리 등을 200방 사포로 미리 다듬어줍니다. 나무끼리 연결되는 부분에 나사못이 들어갈 지점을 표시해놓고 전동 드릴에 이중 드릴 비트를 끼워 구멍을 내줍니다. 기둥 3~6번은 캣타워 안으로 들어갈 책상의 높이와 같은 위치에 구멍을 냅니다(대부분 책상 높이는 평균 73cm).

## 2 조립하기

1: 기둥 3~6에 나사못을 박아 상판 3, 4, 5를 연결합니다. 충분한 힘을 받아 나사못이 깊이 박힐 수 있도록 눕혀서 조립합니다. 상판 사이의 간격은 성묘의 앉은 키에 기준하여 40cm로 동일하게 합니다.

2: 반대쪽으로 뒤집어서 눕힌 후 같은 순서로 고정하여 기본 틀을 만듭니다.

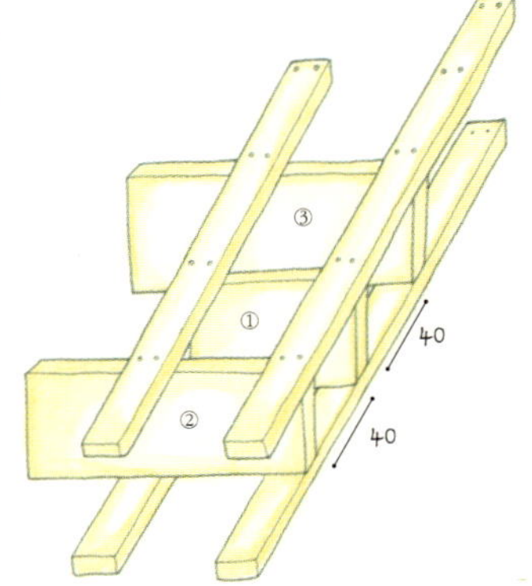


①상판 4 → ②상판 5 → ③상판 3의 순서로 기둥에 고정

3: 기본 틀을 눕힌 상태에서 기둥 1과 3에 상판 1을 나사못으로 고정합니다.

4: 상판 1에 미리 뚫어놓은 구멍에 맞춰 간격재 1과 2를 고정해줍니다. 간격재간의 거리는 사용자의 필요에 따라 적당한 간격으로 나눠줍니다.

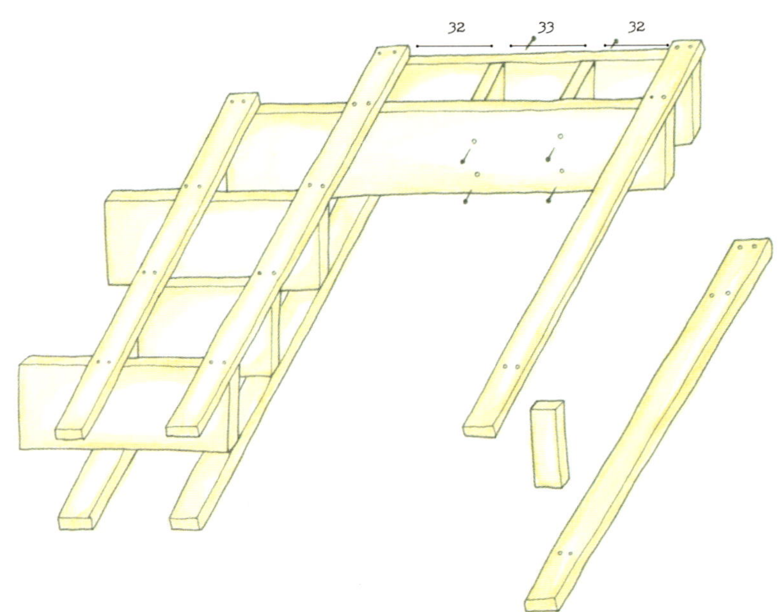


5: 상판 2를 기둥에 고정하고 상판 아래에서 나사못으로 간격재를 고정합니다.

6: 캣타워를 뒤집어 눕힌 후 남은 기둥 2와 간격재 3을 고정해줍니다.

## 3 매트 깔기

상판 3, 4의 사이즈에 맞게 매트를 만들어 나사못으로 고정시킵니다.

## 4 로프 감기

면로프를 기둥 3, 4에 탄탄하게 감아줍니다. 37m 길이의 면로프로 2개의 기둥을 감을 수 있습니다.

**tip**

본드나 타카 등 특별한 도구 없이도 면로프를 튼튼하게 감을 수 있습니다. 먼저 로프 시작 부분을 10cm 정도 위를 향하게 올리고 시작 부분을 덮으면서 감아올립니다. 탄탄하게 당겨가며 감아주고 마무리 부분의 4~5줄은 느슨하게 감아올립니다. 로프 끝을 느슨하게 감은 4~5줄 사이로 통과시키고 짱짱하게 당겨준 다음 남은 로프를 잘라냅니다.

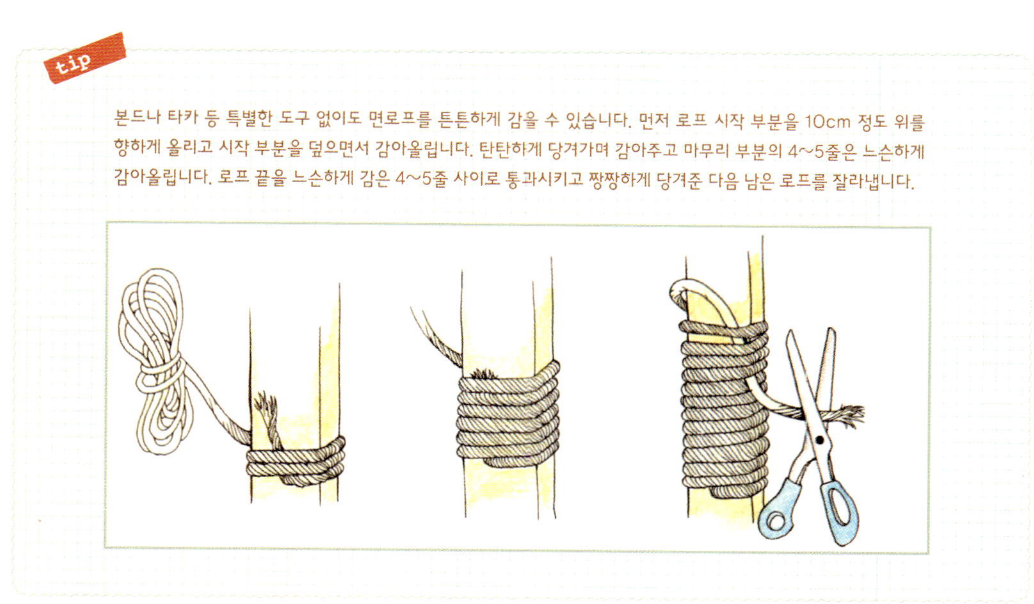

## 5 마무리하기

1: 완성된 캣타워를 희망하는 위치에 세우고 책상을 캣타워 사이에 넣어줍니다. 책상이 캣타워 안으로 들어가야만 고양이의 동선이 확보됩니다.

tip

캣타워는 부피가 큰 만큼 많은 공간을 차지합니다. 이 캣타워는 책상 위의 죽은 공간을 활용하여 설치 면적을 줄이는 동시에 높은 곳을 좋아하는 고양이가 넓은 공간을 즐길 수 있도록 설계하였습니다. 소개한 캣타워는 책상이 가로100cm일 때 산출되는 길이이며, 각자 가지고 있는 책상 길이에 맞게 상판 1과 2의 길이를 변경해서 제작해야 합니다.

2: 캣타워의 동선 유도를 위해 장난감을 부착합니다. 고양이의 목에 줄이 감기는 것을 방지하기 위해 철사로 연결 고리를 만들어 천장에 나사못으로 고정합니다. 스프링과 철사에 마디를 주어 움직임을 자유롭게 해줍니다.

3: 털공에 끈을 매달아 그 다음 동선이 위치한 천정에 나사못으로 설치합니다. 고양이의 앉은 키보다 높게 손이 닿을 듯 말 듯하게 달아야 합니다.

## 캣워커 만들기

**완성 사이즈** 폭 25×길이 50×높이 30cm
**재료** 상판 1,2 – 레드파인 집성목 25×50cm×2.4T 2개
옆판 1,2 – 레드파인 집성목 25×30cm×2.4T 2개
간격재 – 레드파인 집성목 4.5×4.5×45cm 1개
**부재료** 5cm 이상 콘크리트용 나사못 여러 개, 나사못 여러 개

### 1 조립하기

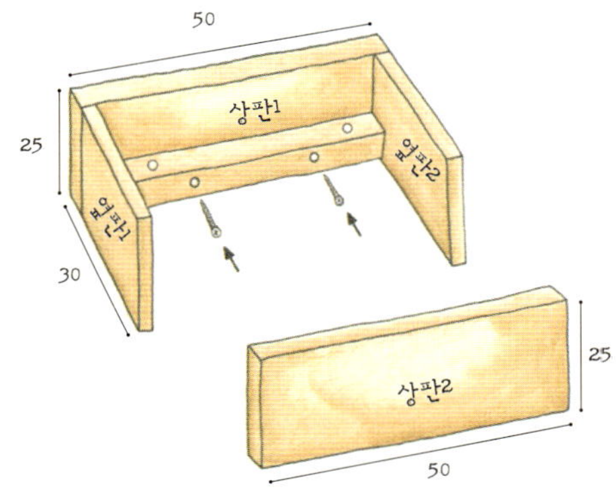


상판 1에 옆판 1, 2를 나사못으로 고정합니다. 간격재를 상판 1의 아래에 고정한 후 상판 2를 옆판 1, 2에 고정하여 네모 모양을 만들어줍니다.

### 2 벽에 설치하기

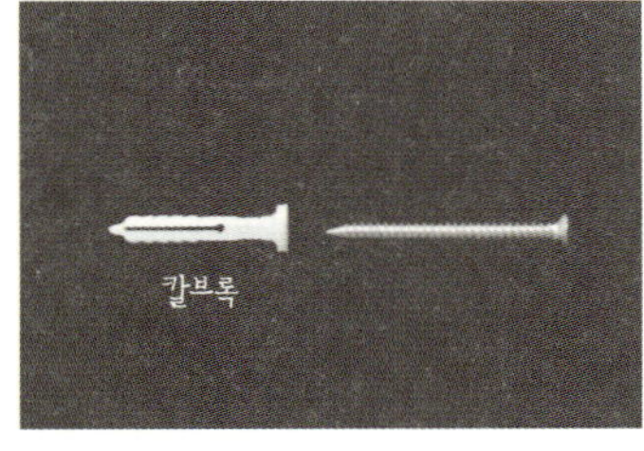


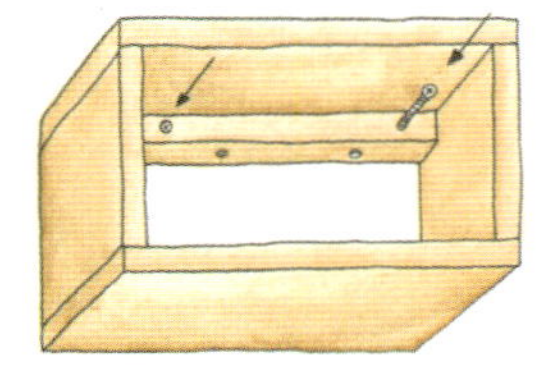

1: 설치할 벽면에 전동 드릴로 나사못이 들어갈 구멍을 2개 내줍니다. 구멍에 칼브록을 끼우고 튀어나온 칼브록은 커터칼로 절단해줍니다.

2: 간격재에 미리 뚫어놓은 구멍으로 콘크리트 나사못을 박아 벽에 단단히 고정합니다.

PETIT
ORGANIC
M

빨간
캐비넷

모든 고양이가 그렇지는 않지만 식탐이 있을 경우엔 종종 사료를 털다가 걸리곤 하죠. 사료와 간식을 비롯한 고양이 용품을 안전하고 깔끔하게 보관할 수 있는 캐비넷입니다. 나무를 섬세하게 칠해주면 마치 스테인리스 캐비넷처럼 고급스러워 보입니다. 페인트 색을 달리하여 다양한 느낌의 캐비넷을 만들 수 있어요.

## 빨간 캐비넷 만들기

**완성 사이즈** 너비 34.6×깊이 30×높이 79.3cm
**재료** MDF 공간 박스 34.6×34.6cm×1.5T 2개, MDF 문짝 31.4×31.4cm×1.5T 2개, 원목 손잡이 2개, 사각 사선 다리 10cm 4개
**부재료** 미니 경첩 4개, 명찰꽂이 2개, 목공 본드, 롤러, 젯소, 레드 페인트, 사포 200방, 머리 없는 못, 나사못

### 1 재료 준비하기

공간 박스 2개를 위아래로 붙여 캐비넷 형태를 만든다는 것을 이해하고 작업을 시작합니다.

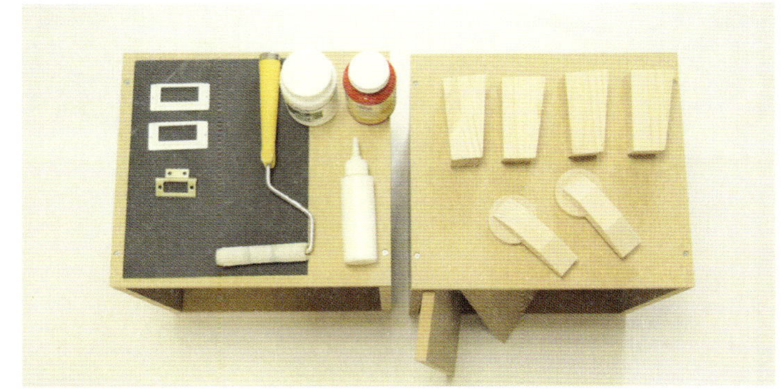

### 2 공간 박스 연결하기

1: 공간 박스 상판에 목공 본드를 골고루 발라줍니다.

2: 목공 본드를 바른 박스 위로 다른 공간 박스를 얹고 모양이 틀어지지 않도록 빨래집게 등으로 고정합니다.

3: 공간 박스 안쪽 네 곳에 나사못을 박아줍니다.

### 3 다리 붙이기

1: 공간 박스의 네 모서리에 적당량의 목공 본드를 바른 후 다리의 사선이 안으로 향하게 하여 붙여줍니다.

2: 다리가 아래로 가게 뒤집고 안쪽에서 머리 없는 못을 망치로 박아 튼튼하게 고정합니다.

### 4 샌딩하기

원목 손잡이, 문짝, 공간 박스의 모서리 등을 200방 사포로 문질러 정리합니다.

## 5 페인팅하기

1: 넓은 트레이에 일회용 비닐봉투를 씌워 팔레트처럼 사용하면 편리합니다.

2: 롤러를 이용해 공간 박스와 문짝 표면에 젯소를 고르게 펴바릅니다.

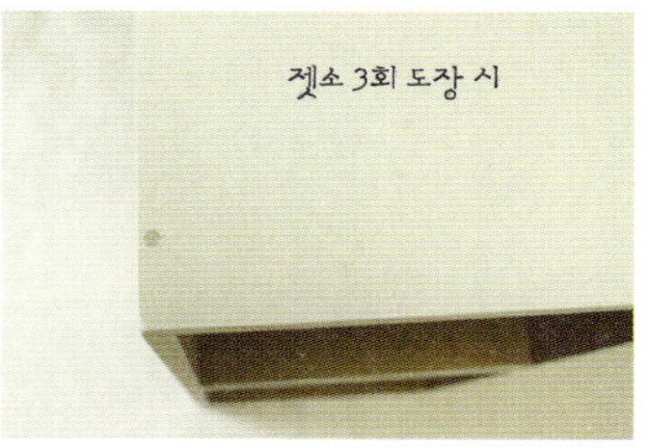


3: 30분 간격으로 두세 차례 젯소를 덧발라 공간 박스의 밑색이 드러나지 않게 합니다.

4: 젯소가 마르면 빨간 페인트를 칠합니다. 선명한 색이 나올 때까지 30분 간격으로 2~3회 발라줍니다.

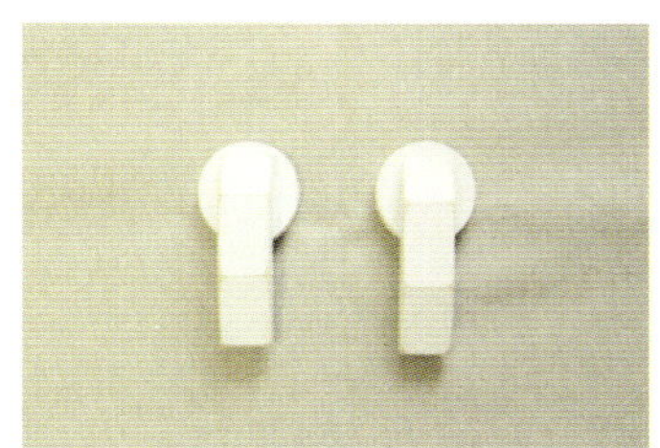

5: 원목 손잡이에도 젯소나 흰색 페인트를 발라줍니다.

페인트는 시간의 간격을 두고 얇게 여러 번 펴발라주어야 표면의 결이 고르고 선명한 색이 나옵니다. 한번에 두껍게 발라 색을 내려고 하면 페인트가 뭉치고 얼룩 지기 쉽습니다

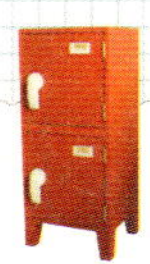

## 6 문짝 만들기

문짝에 명찰 꽂이를 답니다. 손잡이는 목공 본드로 붙인 다음 안쪽에서 나사못으로 고정합니다.

## 7 경첩 달기

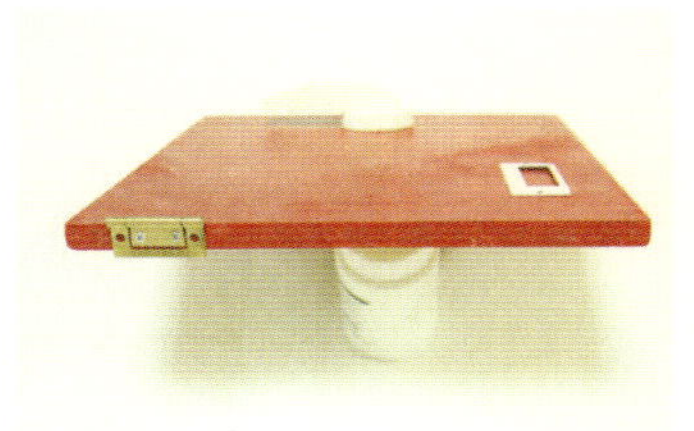

1: 경첩의 작은 면을 문짝 측면에 고정해서 달아줍니다.

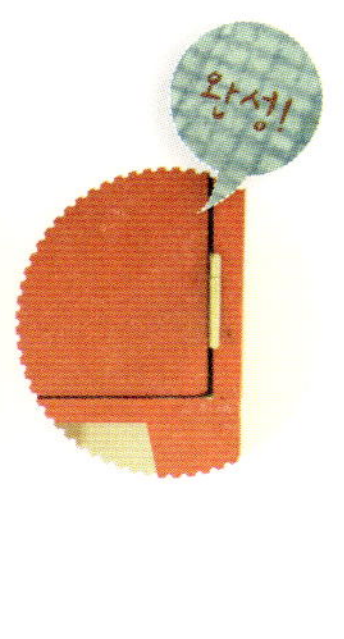


2: 공간 박스에 경첩의 큰 면을 나사못으로 고정하여 완성합니다.

꿈나라로~

일어나볼까~

또 자?

움직이긴 하는 거냐?

# 언제나 냥이와 함께 있는 기분, 집사용 소품

고양이캔 핀쿠션 • 티매트 • 마우스 패드와 손목 쿠션
집사용 베개 • 내추럴 쿠션 • 고양이 인형
냥이 캐릭터 쿠션 • 목 쿠션 • 키홀더 • 통장 지갑
룸슈즈 • 원형 파우치 • 디카 파우치

고양이캔
핀쿠션
Daily Linen
hand made
Un Souirs

냥이가 맛동산과 감자만을 선물하는 건 아니랍니다. 냥이들이 홀릭하는 앙증맞은 크기의 간식 캔을 그냥 버리지 마세요. 캔에 예쁜 옷을 입혀주면 실용적인 핀쿠션으로 변신! 만들기도 간단하고 사용하기도 간편하답니다.

## 고양이캔 핀쿠션 만들기

**완성 사이즈** 가로 6×세로 6×높이 6cm
**재료** 쉐비 리넨 원단 15×15cm 1장, 고양이 간식 캔, 폭 3cm 이상의 토숀 25cm
**부재료** 얇은 마끈 적당량, 라벨 1개, 방울솜 적당량, 양면 테이프

### 1 재단하기

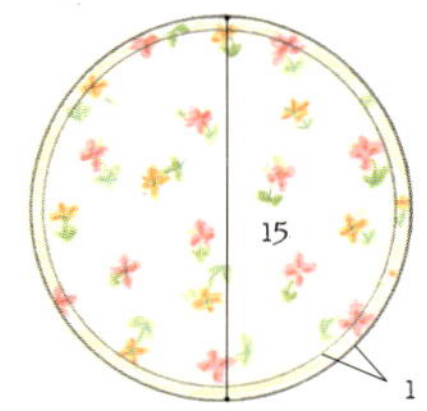


원단을 사이즈에 맞게 재단합니다.

### 2 쿠션 만들기

1: 원형으로 재단한 원단의 테두리를 따라 1cm 안쪽에서 홈질합니다.

2: 홈질한 실의 양끝을 잡아당겨 주머니 꼴을 만들고 방울솜을 단단한 느낌이 들 정도로 채워줍니다.

### 3 캔 장식하기

1: 고양이 간식 캔을 깨끗이 씻어서 준비합니다.

2: 캔의 겉면에 양면 테이프를 붙입니다.

3: 양면 테이프의 겉껍질을 벗기고 마끈을 촘촘히 감아 올려 캔 전체를 싸줍니다.

4: 캔 입구 위로 양면 테이프의 여유분이 올라오게 붙입니다.

핀쿠션에 꽂힌 핀과 바늘에 관심을 보이는 고양이의 안전을 위해 핀쿠션은 뚜껑이 달린 케이스 안에 보관해두는 것이 좋습니다.

5: 양면 테이프의 껍질을 벗기고 여유분을 캔 안으로 접어 붙입니다.

6: 토숀으로 캔 입구 주변을 감싸 붙여줍니다.

### 4 마무리하기

1: 준비한 쿠션을 캔 안으로 쏙 넣어줍니다. 쿠션에 솜이 들어 있으므로 캔에 따로 고정하지 않아도 빠지지 않습니다.

완성!

2: 라벨 뒷면에 양면 테이프를 붙여서 캔에 부착합니다.

# 티매트

고양이 도안을 한 땀 한 땀 수놓아 매일 마시는 차 한 잔을 더욱 특별하게 만들어줄 티매트입니다. 학교나 회사 책상 위에 올려놓아 항상 고양이와 함께 있는 기분을 느껴보세요. 여러 개를 만들어 벽에 걸면 장식으로도 좋아요.

# 티매트 만들기

236, 237쪽 수 도안 수록

**완성 사이즈** 가로 12×세로 12cm

**재료** 앞판 – 베이직 리넨 원단 14×14cm 1장, 뒤판 – 체크 코튼 원단 14×14cm 1장, 접착솜(4온스) 12×12cm 1장

**부재료** 리넨 테이프 6cm, 빨간색 자수실

## 1 재단하기

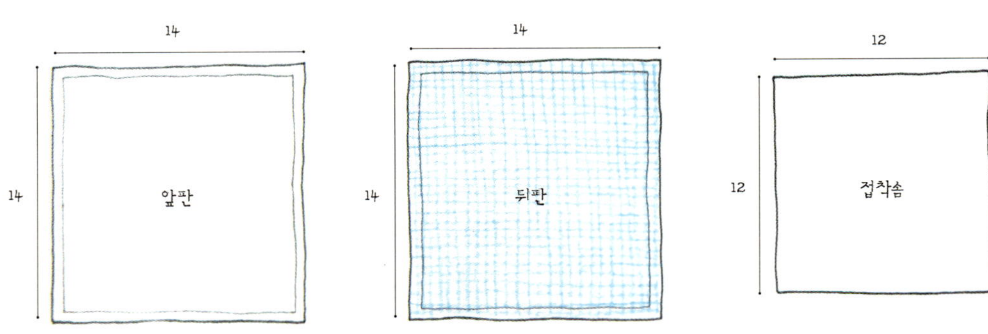


원단과 접착솜을 사이즈에 맞게 재단합니다.

## 2 접착솜 붙이기

앞판의 안쪽 완성선에 맞춰 접착솜을 놓고 다림질하여 붙여줍니다.

## 3 수놓기

1: 앞판의 겉면에 초크나 원단용 펜슬로 밑그림을 그립니다.

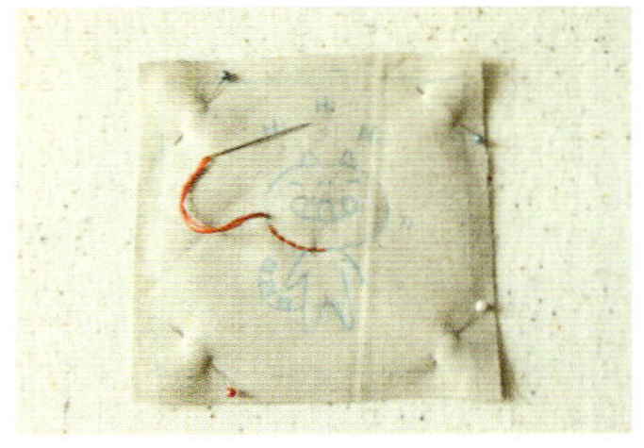

2: 빨간색 자수실로 밑그림을 따라 스티치를 해줍니다(박음질과 같은 방법).

3: 바늘땀의 간격을 일정하게 유지해야 깔끔한 선으로 나타납니다.

4: 수를 다 놓은 뒤에 울어 있는 앞판을 다림질하여 펴줍니다.

tip

**러닝 스티치:** 홈질과 같은 방법으로 겉과 안의 바늘땀 모양이 똑같습니다.

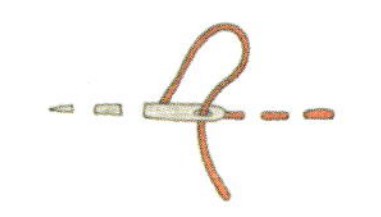

**백 스티치:** 박음질과 같은 방법으로 정교하게 수놓을 때 사용합니다.

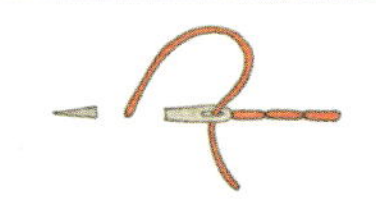

**아웃라인 스티치:** 굵은 선을 표현할 때 사용합니다.

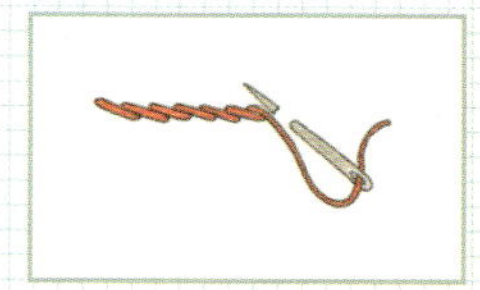

## 4 앞판과 뒤판 연결하기

1: 앞판과 뒤판을 겉끼리 마주보게 겹치고 리넨 테이프를 반으로 접어 앞판과 뒤판 사이에 넣어줍니다.

2: 창구멍을 7cm 남기고 완성선을 따라 박음질한 후 모서리 네 곳을 사선으로 잘라 정리합니다.

3: 창구멍으로 뒤집고 완성선에서 0.3cm 안쪽을 박음질해줍니다.

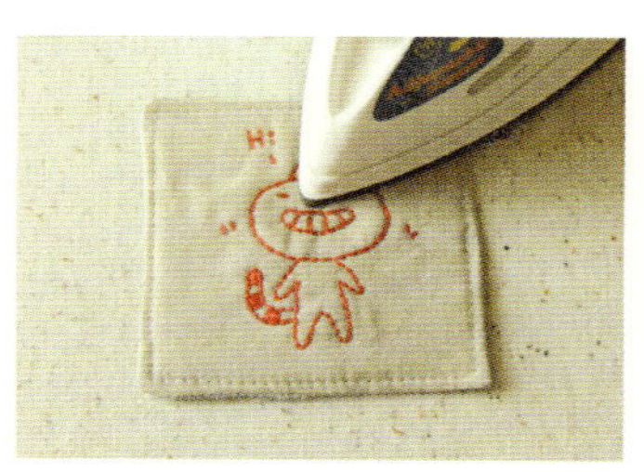

4: 다림질하여 완성합니다.

완성!

마우스패드와
손목쿠션

하루 반나절 이상을 컴퓨터 앞에서 보내는 이들을 위한 필수품. 부드러운 터치감으로 작업 능률을 높여줄 마우스 패드와 오랜 시간 작업하다보면 뻐근하고 시큰거리는 손목을 보호해줄 수 있는 비키니 고양이 손목 쿠션입니다.

# 손목 쿠션 만들기

240쪽 패턴 수록

**완성 사이즈** 가로 20.5×세로 12cm
**재료** 베이직 리넨 50×16cm 1장, 흰색 리넨 10×5cm 1장, 핑크 도트 코튼 20×20cm
**부재료** 자수실(검은색, 빨간색), 아크릴 물감(갈색, 파란색, 핑크색), 방울솜 100g

## 1 재단하기

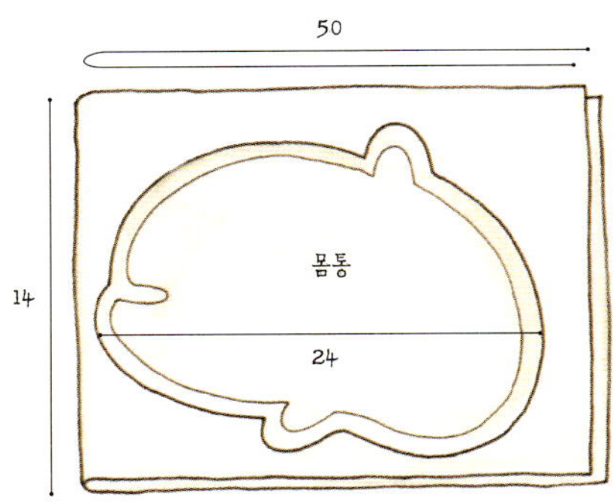

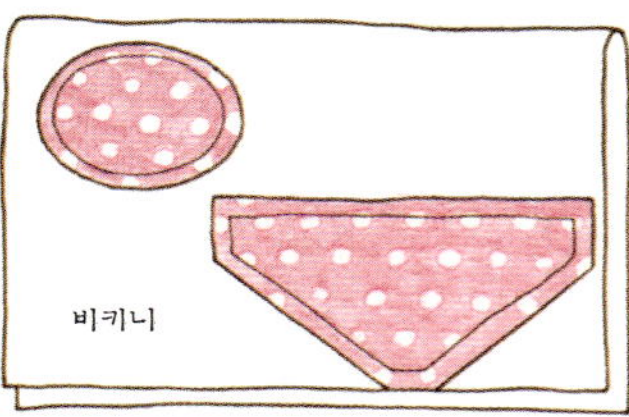


패턴을 따라 원단에 완성선을 그린 다음 시접을 1cm씩 남기고 재단합니다.

## 2 몸통 만들기

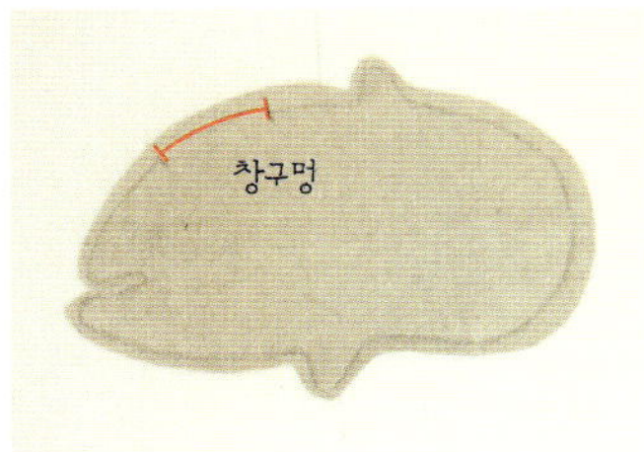


1: 재단한 원단에 창구멍 6cm를 남기고 완성선을 따라 박음질합니다. 곡선 부위에 촘촘히 가위집을 내줍니다.

2: 뒤집어서 창구멍으로 방울솜을 넣어주고 공그르기로 창구멍을 막아줍니다.

## 3 얼굴 표현하기

1: 얼굴 부위에 시침핀으로 눈(흰색 리넨)을 고정합니다.

2: 시접을 안으로 접어 넣어가며 공그르기로 연결합니다.

3: 자수실을 이용해서 눈과 코, 귀를 스티치해줍니다.

## 4 비키니 입히기

등 부분

1: 핑크 도트 원단 역시 시접을 안으로 접어 넣고 공그르기하여 비키니 모양으로 부착합니다.

아크릴 물감은 아크릴 에스테르 수지로 만들어진 물감으로, 건조가 빠르고 나무나 직물 등 다양한 재료에 칠할 수 있습니다. 물을 섞어 쓰지만 건조된 후에는 내수성이 생겨 물에 지워지지 않습니다.

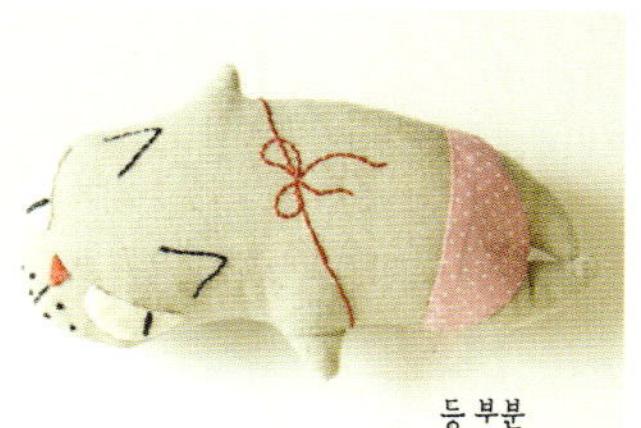


2: 빨간색 자수실로 스티치하여 비키니의 끈을 표현해줍니다.

## 5 마무리하기

아크릴 물감 소량에 물을 살짝 섞어 둥근 붓으로 톡톡 찍어내듯이 하여 귀와 볼 등을 자연스럽게 표현합니다.

# 마우스 패드 만들기

**완성 사이즈** 24×20cm
**재료** 블루 스트라이프 코튼 26×22cm 1장, 베이직 리넨 26×22cm 1장, 접착심지 24×20cm 1장, 플라스틱 바닥재 24×20cm 1장
**부재료** 접착 라벨

## 1 재단하기

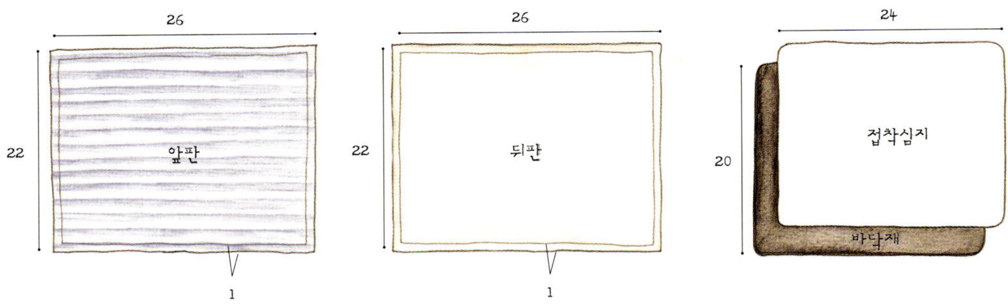


원단과 접착심지, 바닥재를 사이즈에 맞게 재단합니다. 접착심지와 바닥재의 네 모서리는 둥글게 처리합니다.

## 2 마우스 패드 만들기

1: 앞판 안쪽의 완성선에 맞춰 접착심지를 놓고 다림질하여 부착합니다.

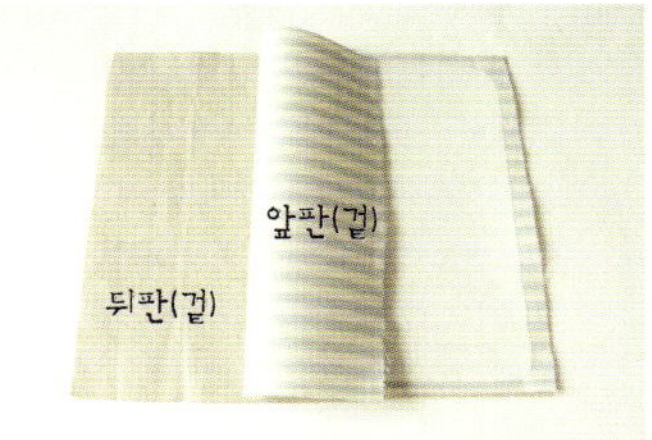


2: 앞판의 겉과 뒤판의 겉을 맞대어 포갭니다.

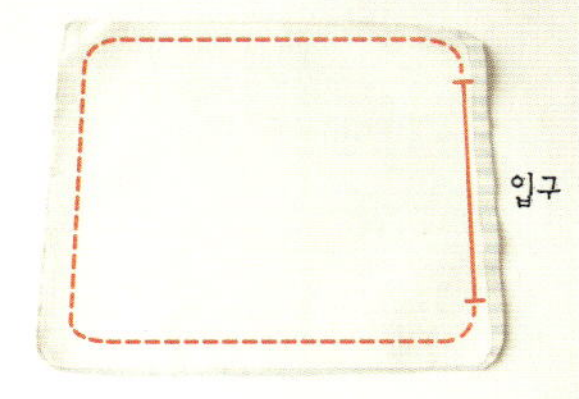


3: 완성선을 따라 입구를 제외한 세 면을 박음질합니다. 박음질한 세 면의 시접을 0.3cm 남기고 잘라냅니다.

4: 뒤집어서 플라스틱 바닥재를 넣어줍니다.

5: 입구의 시접을 안으로 접어 넣고 공그르기로 막아줍니다.

6: 앞판에 접착 라벨을 붙여서 완성합니다.

완성!

집사용
베개
COUNTRY
HOU

냥이를 품에 꼭 안고 자고 싶지만 콧대 높고 도도한 냥이들을 밤새 붙잡고 있기란 역부족입니다. 보송보송한 양털 원단으로 만든 고양이 베개로 대리만족을 느껴보세요.

# 집사용 베개 만들기

241쪽 패턴 수록

**완성 사이즈** 가로 76×세로 47cm

**재료** 앞판 – 단면 양털 원단 90×60cm 1장, 뒤판 – 베이직 리넨 90×65cm 1장

팬티 – 레드 스트라이프 워싱 코튼 55×20cm 1장, 귀 – 브라운 스웨이드 15×10cm 1장

눈 – 아이보리 리넨 30×10cm 1장, 베개 속통 – 60수 코튼 90×65cm 2장

지퍼 고정용 원단 – 베이직 리넨 14×5cm 2장, 접착심지 30×10cm 1장

**부재료** 방울솜 1.5kg, 자수실, 지퍼 60cm, 라벨

## 1 재단하기

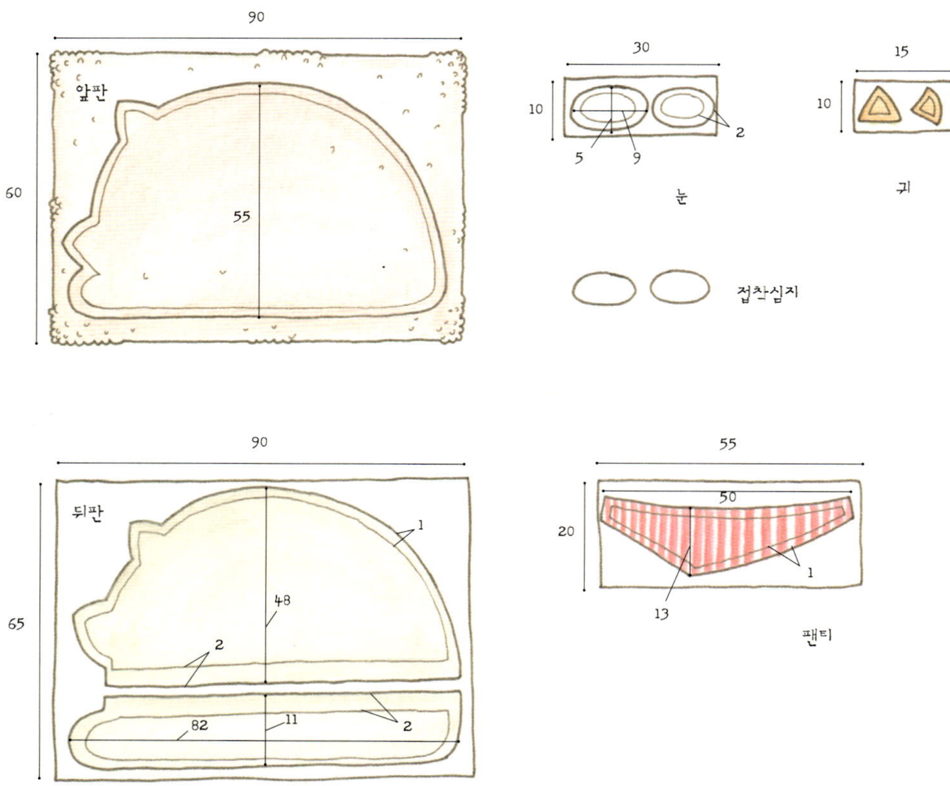


패턴을 따라 원단에 완성선을 그린 다음 시접을 1cm씩 두고 재단합니다.

양털 원단(앞판)은 물에 지워지는 초크로 겉감 쪽에 완성선을 그리고, 뒤판(리넨)은 안감에 완성선을 그리도록 합니다. 뒤판의 지퍼가 달릴 면에는 시접을 2cm로 둡니다.

베개의 좌우 방향이 잘 맞아떨어지는지 가늠한 후 패턴을 그리도록 합니다.

## 2 베개 속통 만들기

1: 60수 코튼 원단 위에 베개 커버 뒤판(지퍼 시접 2cm씩 접은 상태)을 대고 완성선을 그린 다음 시접을 1cm씩 두고 재단합니다.

2: 창구멍 10cm를 남기고 박음질한 후 뒤집어줍니다. 솜을 푹신하게 넣고 창구멍은 공그르기하여 막아줍니다.

패턴을 사용할 경우 속통 원단에 패턴을 대고 패턴보다 1cm 크게 완성선을 그린 뒤 완성선에서 다시 시접을 1cm씩 두고 재단합니다.

덤블링 원단은 신축성이 있어 늘어나므로 속통을 겉커버보다 크게 제작해야만 고양이 모양 베개의 윤곽이 뚜렷해집니다.

## 3 베개 커버 만들기

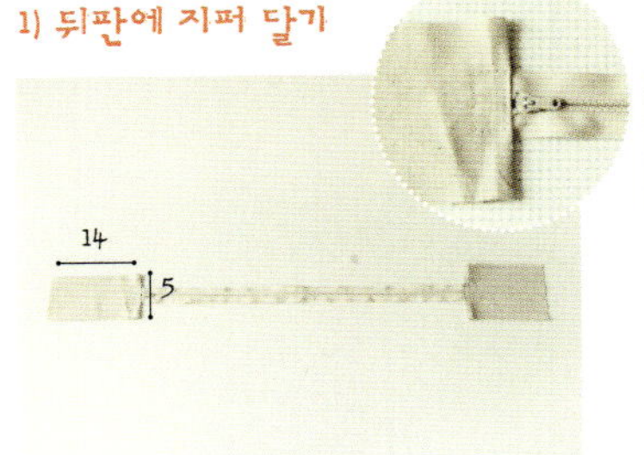


1: 지퍼 고정용 원단의 한쪽 시접을 접고 지퍼 양끝에 박음질하여 고정합니다.

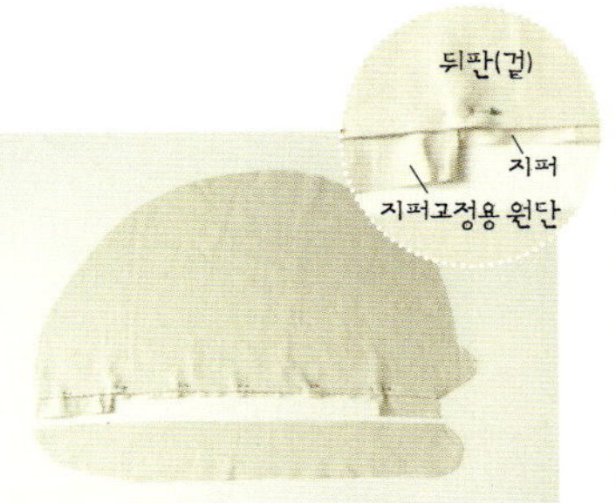


2: 뒤판의 시접을 안으로 접어 넣고 시침핀으로 지퍼를 고정합니다.

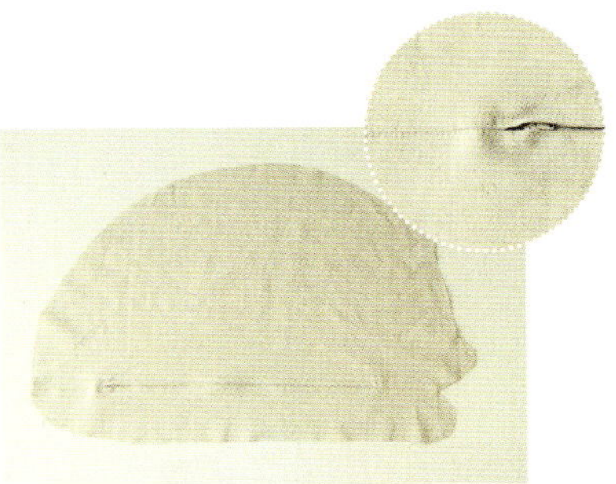

3: 지퍼 양옆을 박음질하여 고정합니다.

지퍼 감춰 달기

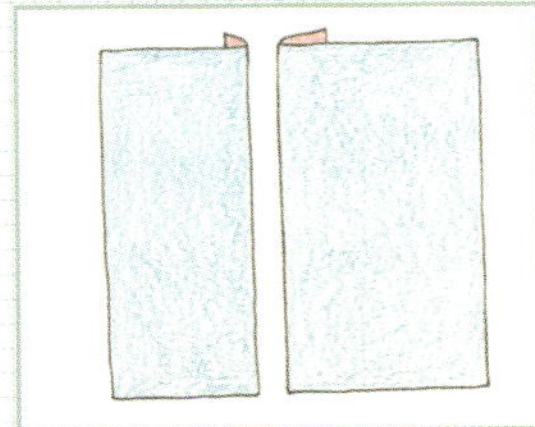

1. 아래 올 원단은 시접 1.5cm, 위에 올 원단은 시접 2cm를 접어놓습니다.

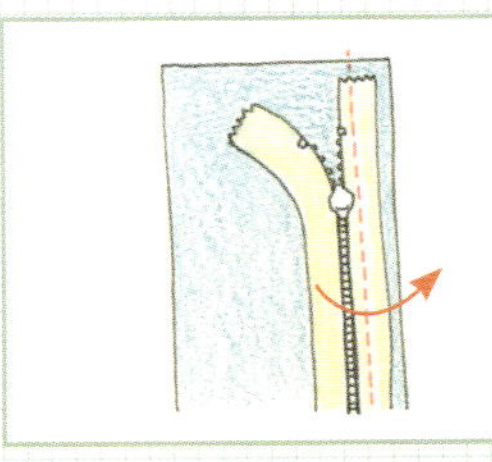

2. 아래쪽 원단의 시접을 펼쳐서 지퍼의 한쪽 겉과 마주보게 놓고 접을 선을 따라 박습니다.

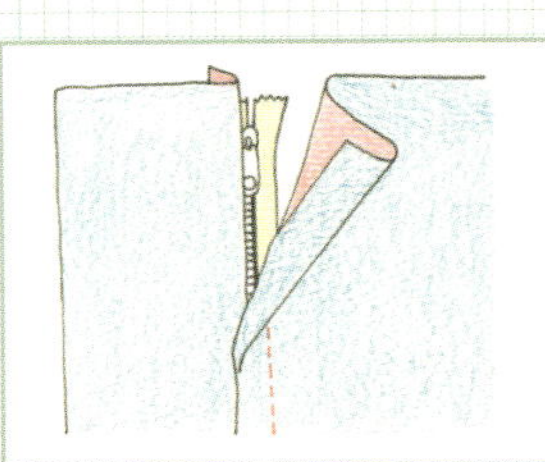

3. 위쪽 원단의 시접을 접은 상태에서 다른쪽 지퍼의 겉에 얹은 다음 안쪽으로 접어 넣은 시접의 끝부분을 지퍼와 함께 눌러 박습니다.

**2) 앞판 만들기**

1: 앞판의 겉에 사진과 같이 스트라이프 원단을 배치한 다음 시접을 안으로 접어 넣고 시침핀으로 고정합니다.

2: 완성선의 0.3cm 안쪽으로 박음질합니다.

**3) 앞판과 뒤판 연결하기**

1: 앞판과 뒤판의 겉끼리 마주보도록 겹치고 시침핀으로 고정합니다.

2: 지퍼를 연 상태에서 완성선을 따라 박음질합니다. 곡선 부위에는 가위집을 내줍니다.

3: 열린 지퍼를 통해 뒤집어줍니다.

### 4) 얼굴 표현하기

1: 눈이 될 아이보리 리넨 원단에 접착 심지를 다림질하여 붙여줍니다. 검은색 실로 테두리를 박음질하여 눈이 또렷해 보이게 합니다.

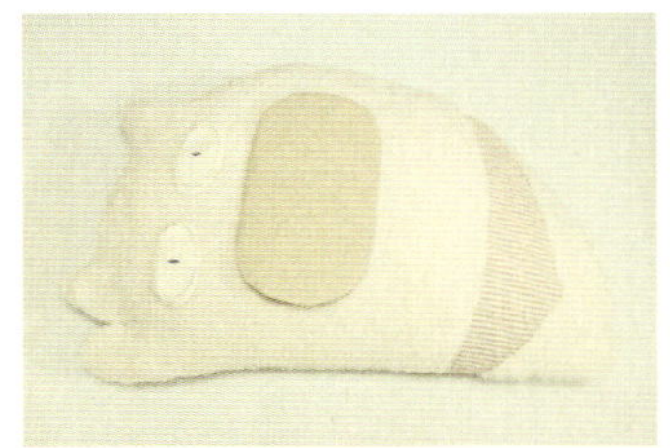

2: 베개 커버에 속통을 넣고, 눈을 고정할 위치에 배치한 뒤 적당한 크기의 골판지를 준비합니다.

3: 눈의 시접을 안으로 접어 넣고 공그르기해서 고정합니다. 골판지를 원단 안에 넣은 상태에서 바느질하여 겉커버와 속통이 겹쳐 바느질되는 것을 방지합니다.

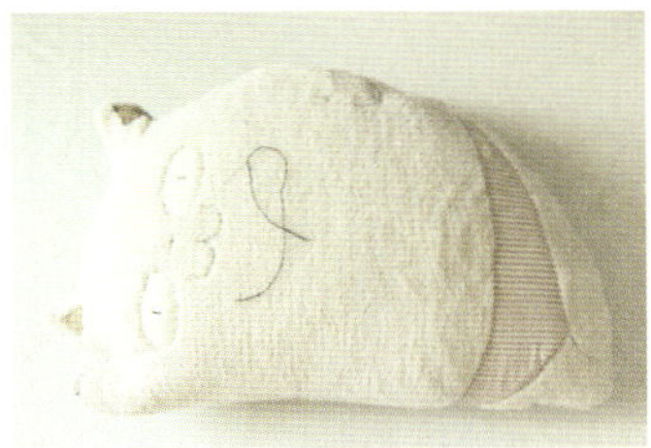

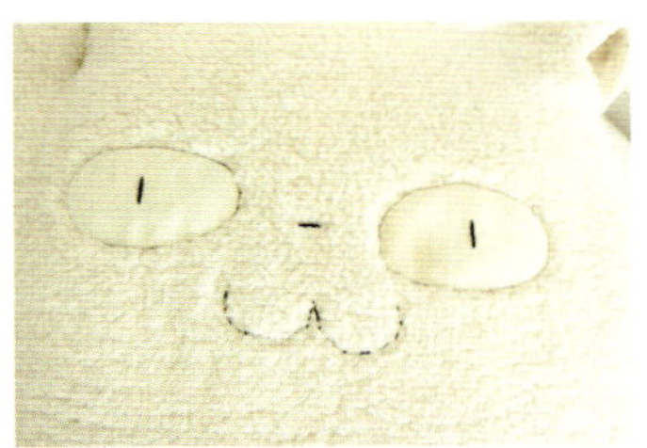

4: 귀가 될 원단의 시접을 접어 공그르기로 고정하고 검은색 자수실로 입과 코, 손 등을 스티치하여 표현합니다. 팬티에 라벨을 달아 완성합니다.

일반적으로는 속통을 나중에 넣어주지만, 신축성이 있는 원단을 사용할 경우 속통을 먼저 끼워 원단이 살짝 늘어난 상태에서 눈을 고정해줍니다. 이렇게 하면 실이 당겨지거나 원단이 쪼그라드는 것는 것을 방지하여 촘촘하게 바느질할 수 있습니다.

내추럴
쿠션

심플한 네모 형태의 방석에 냥이의 귀여운 모습을 포착해서 수놓아보세요. 내추럴한 색과 촉감의 쿠션 하나만으로도 집안 분위기가 한결 고급스러워진답니다. 어느 곳에 놓아도 어색하지 않고 잘 어울리는 데다가 질리지도 않을 거예요.

# 내추럴 쿠션 만들기

238, 239쪽 패턴 수록

**완성 사이즈** 가로 44×세로 40cm
**재료** 20수 워싱 오가닉 코튼 리넨(소베지) 48×112cm 1장, 쿠션 속통 40×40cm 1개
**부재료** 자수실(검은색), 나무 단추(3cm) 2개, 리넨 라벨

## 1 밑그림 그리고 재단하기

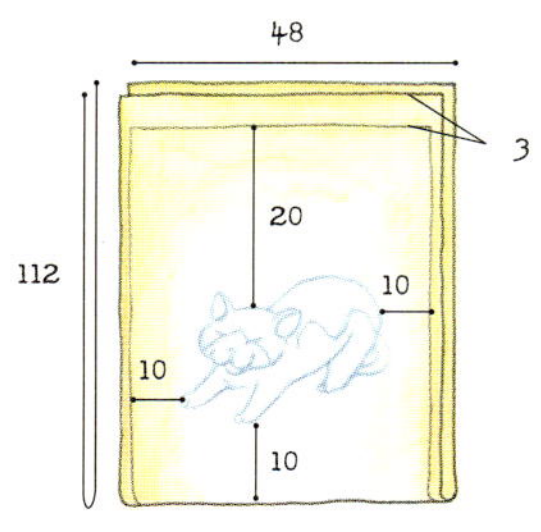


1: 원단을 반으로 접어 겹친 상태에서 완성선을 그립니다. 양옆의 시접은 1cm, 쿠션이 들어갈 입구의 시접은 3cm를 두고 재단합니다.

2: 수 도안을 원단의 겉면에 옮겨 그립니다. 윗단이 접히는 디자인이기 때문에 수를 아래쪽에 배치해야 합니다(윗단에서 20cm, 아래에서 10cm, 양옆면에서 10cm 안쪽).

## 2 수놓기

1: 원단 겉에 옮겨 그린 도안을 따라 자수실로 스티치합니다. 일정한 간격을 유지해야 선이 매끄러워 보입니다.

2: 수틀이 없을 경우 미니 액자를 대신 사용합니다. 원단 뒷면에 액자를 대고 빨래집게 등을 이용해 고정한 뒤 수놓으면 됩니다.

## 3 겉커버 만들기

1: 겉이 안으로 가도록 반으로 접어 양옆면을 박음질합니다.

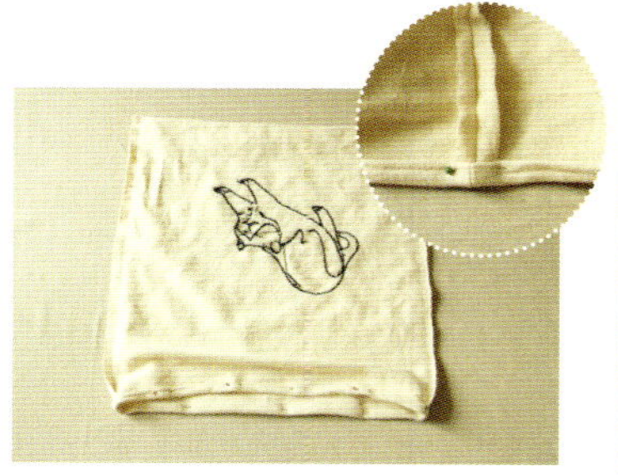

2: 옆면의 시접은 가름솔로 하고 입구의 끝단이 보이지 않도록 1.5cm 간격으로 두 번 말아 접어 시침핀으로 고정합니다.

3: 말아 넣은 시접을 박음질로 고정하고 뒤집습니다.

## 4 단추 달기

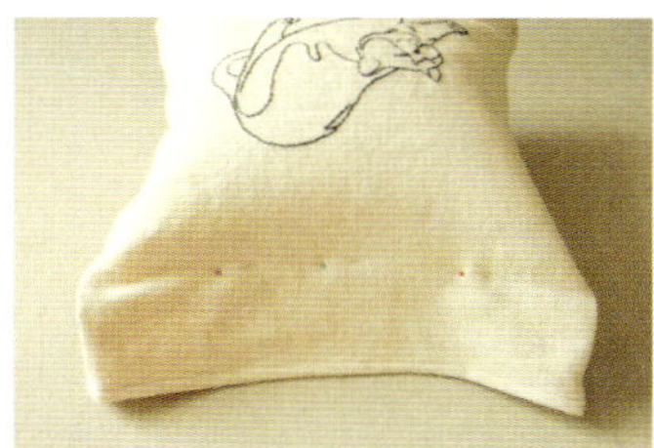

1: 쿠션 속통을 넣어 여분의 원단을 가늠합니다. 끝단을 잘 맞춰 시침핀으로 고정합니다.

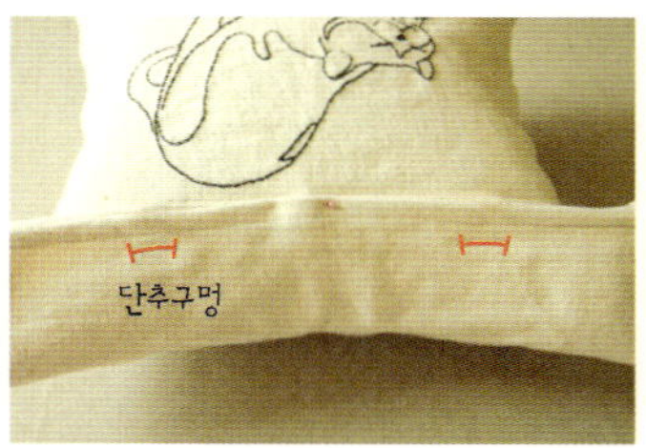


2: 여분의 원단을 그림이 있는 앞판 쪽으로 접어 앞판, 뒤판의 양쪽 네 곳에 단추구멍을 표시합니다. 단추구멍은 단추의 지름보다 0.3cm 길게 그립니다.

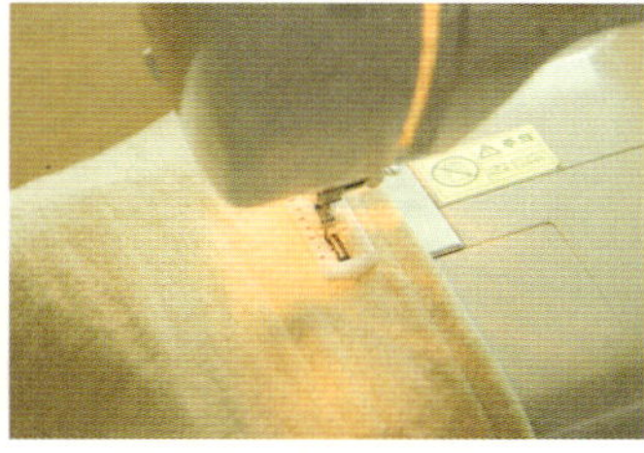

3: 단추구멍 노루발을 이용해 단추구멍을 만듭니다. 손바느질의 경우 버튼홀 스티치의 간격을 촘촘하게 하여 단추구멍을 만들어줍니다.

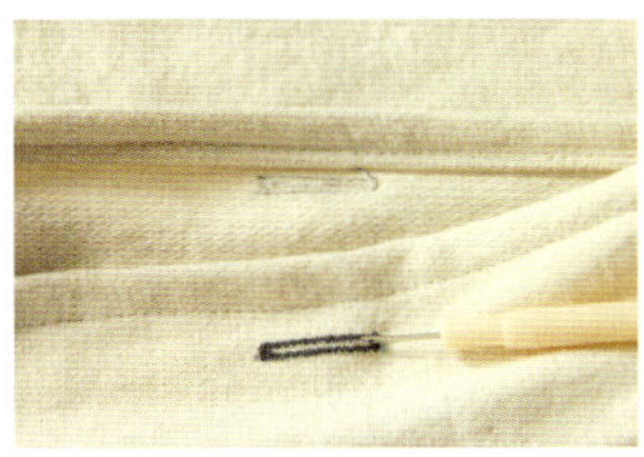

4: 실뜯개를 이용하여 단추구멍 사이를 조심스럽게 갈라줍니다.

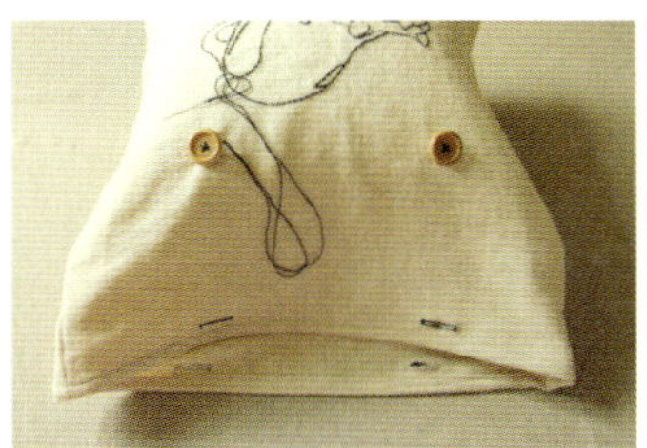

5: 단추구멍 위치에 잘 맞춰 단추를 달아줍니다.

버튼홀 스티치는 그림과 같은 순서로 실을 걸어서 ㅢ자 모양이 반복되게 하여 단의 올풀림을 방지합니다.

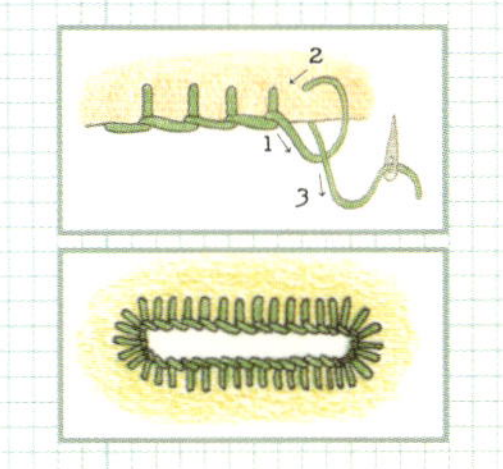


## 5 마무리하기

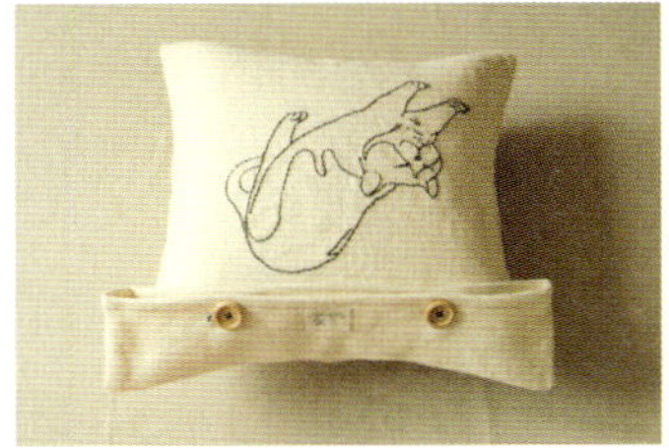

단추 구멍 사이에 라벨을 달고 단추를 끼워 완성합니다.

고양이
인형
CABIN COURT SEWER CAT

도도하고 까칠한 냥이의 표정이 그대로 살아 있는 매력 만점의 고양이 인형을 만들어보세요. 만들기는 간단하지만 만족감은 매우 크답니다. 얼굴 부분만 크게 만들어서 쿠션으로도 활용할 수 있습니다.

## 고양이 인형 만들기

242쪽 패턴 수록

**완성 사이즈** 가로 25×세로 38cm
**재료** 인형 – 단면 양털 원단(그레이) 60×45cm 1장, 아이보리 리넨 16×20cm 1장
스카프 – 핑크 쉐비 리넨 65×6cm 1장, 블루 체크 코튼 65×6cm 1장
**부재료** 방울솜 300g, 자수실(검은색), 리넨 테이프

### 1 재단하기

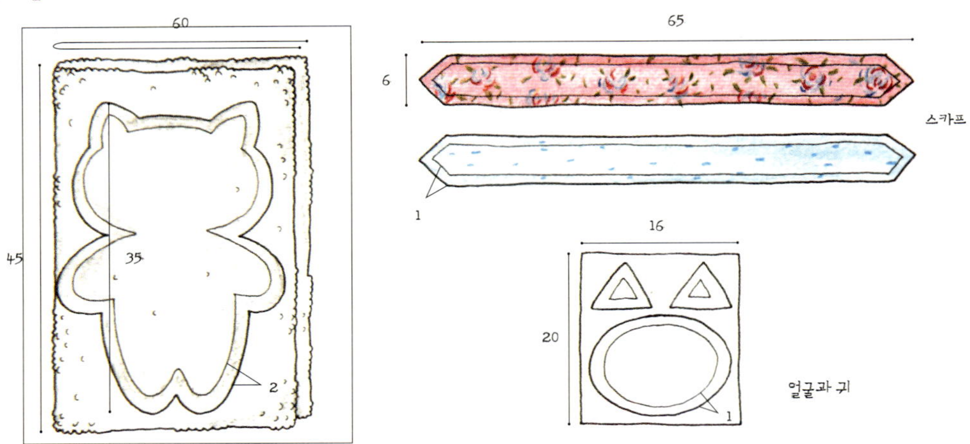


양털 원단에 패턴을 따라 완성선을 그리고 시접 2cm를 두고 재단합니다.
나머지 원단의 시접은 1cm로 동일하게 줍니다.

### 2 인형 만들기

1: 양털 원단의 앞판과 뒤판을 겉끼리 마주보게 놓고 시침핀으로 고정한 뒤 완성선을 따라 박음질합니다. 귀 사이에 창구멍 7cm를 남겨놓습니다.

2: 곡선과 꺾임 부위에 가위집을 깊숙하게 내줍니다. 가위집을 촘촘히 내야 뒤집었을 때 모양이 자연스러워집니다.

3: 창구멍으로 뒤집어줍니다.

4: 창구멍을 통해 인형 몸통에 방울솜을 채우고 다리, 팔, 귀까지 꼼꼼하게 채워줍니다.

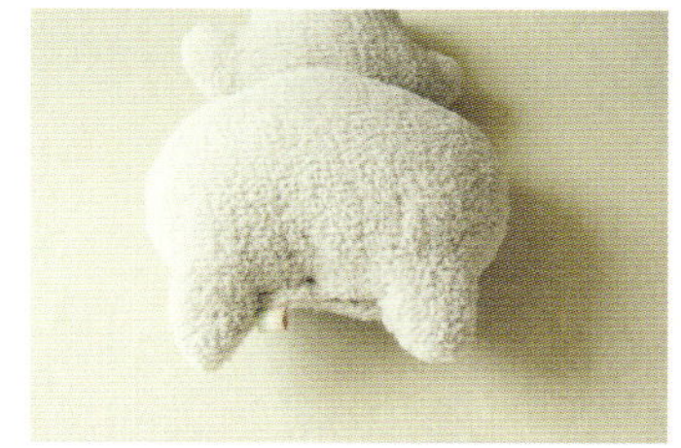

5: 리넨 테이프를 반으로 접어 창구멍에 끼우고 공그르기로 막아줍니다.

## 3 얼굴 표현하기

1: 얼굴과 귀 원단을 원하는 위치에 시침핀으로 고정하고 시접을 안으로 접어 넣은 다음 완성선을 따라 공그르기합니다.

2: 자수실로 스티치하여 얼굴을 표현합니다. 실의 시작과 끝은 원단 틈새로 빼서 매듭 짓습니다.

## 4 스카프 만들기

1: 준비한 원단을 겉끼리 마주보게 겹친 뒤 한쪽 끝을 남기고 완성선을 따라 박음질합니다.

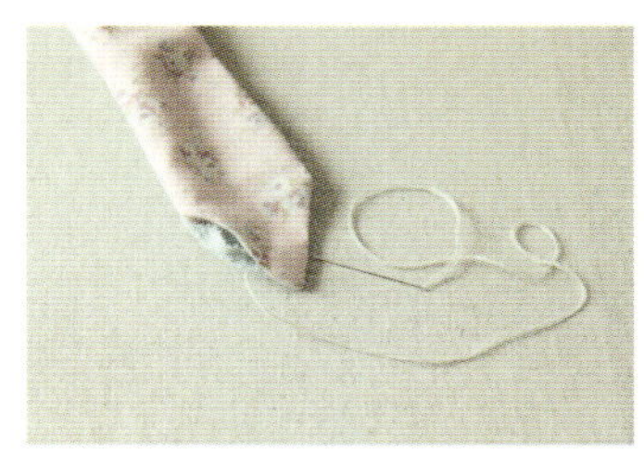

2: 뒤집어서 창구멍 부분의 시접을 안으로 접어 넣고 공그르기로 막아줍니다.

3: 인형의 목에 스카프를 묶어 완성합니다.

냥이캐릭터
쿠션
VINTAGE

원형이나 사각형 쿠션에 질렸다면 고양이 캐릭터 쿠션을 만들어볼까요? 아롱거리는 눈망울에 체크 스카프를 두른 멋쟁이 턱시도 고양이랍니다. 포동한 고양이 배에 얼굴을 파묻고 달콤한 낮잠을 청해보세요.

# 냥이 캐릭터 쿠션 만들기

243쪽 패턴 수록

**완성 사이즈** 가로 46×세로 56cm

**재료** 몸통 – 베이직 리넨 100×70cm 1장, 갈색 리넨 50×30cm 1장, 14×32cm 1장
스카프 – 블루 체크 코튼 70×30cm 1장, 레드 체크 코튼 70×30cm 1장
눈동자 – 청색 해지 코튼 15×8cm 1장, 주머니 – 민트 쉐비 리넨 12×12cm 1장, 코 – 레드 코튼 3×3cm 1장
눈, 귀 – 베이직 리넨 30×20cm 1장, 쿠션 속통 – 60수 화이트 코튼 100×70cm 1장

**부재료** 방울솜 1kg, 라벨, 자수실, 지퍼 45cm

## 1 재단하기

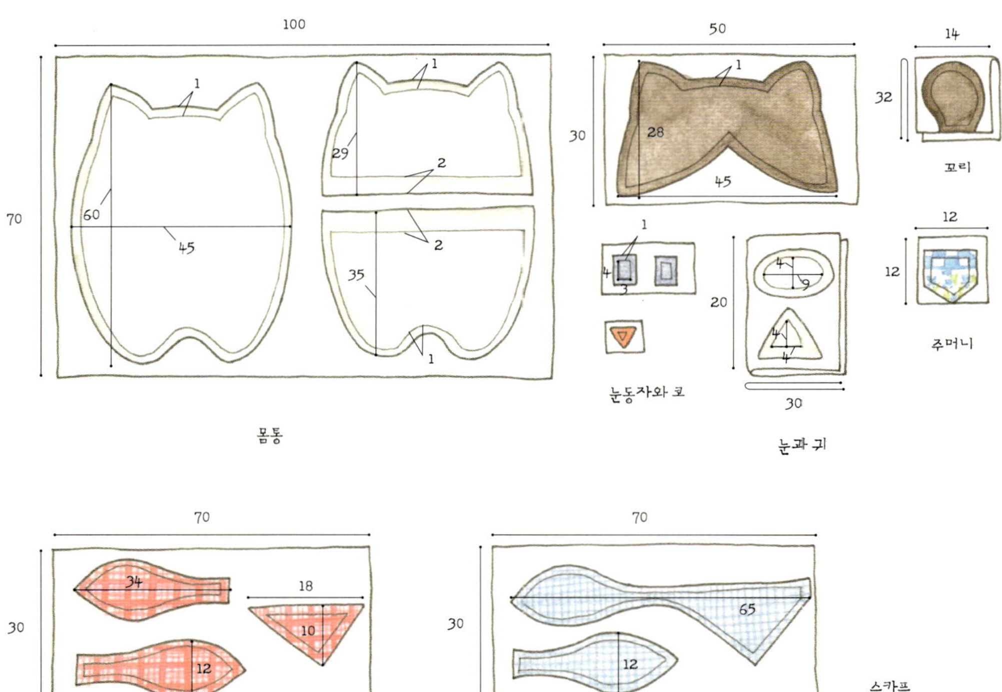


앞판용 원단의 겉에 패턴을 대고 완성선을 그린 후 시접을 1cm씩 두고 재단합니다.
뒤판은 패턴을 뒤집어서 그려주고 지퍼 연결 부위는 시접 2cm를 남겨둡니다.
스카프처럼 좌우가 구분되는 소품은 앞뒤로 무늬가 있는 선염 원단을 이용하면 더 편리합니다.

## 2 속통 만들기

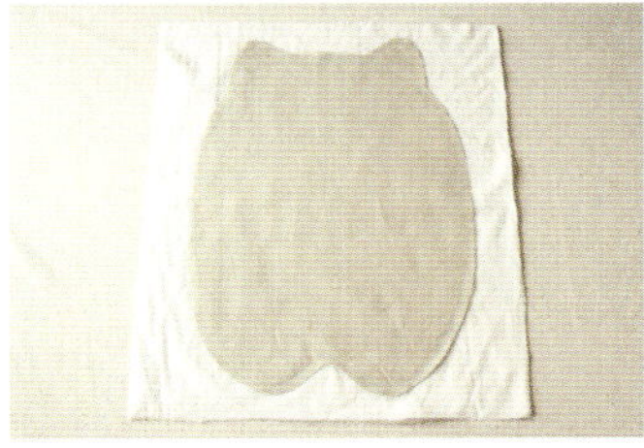

1: 재단해놓은 쿠션 앞판을 반으로 접어놓은 60수 코튼 원단 위에 올려놓습니다.

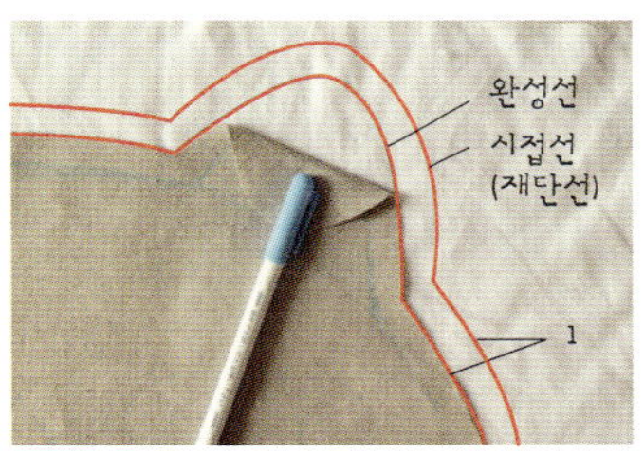


2: 초크 펜슬로 앞판의 재단선을 따라 완성선을 그린 다음 시접을 1cm 더 두고 재단합니다. 속통이 겉커버보다 더 크게 만들어져야 쿠션 모양이 잘 잡힙니다.

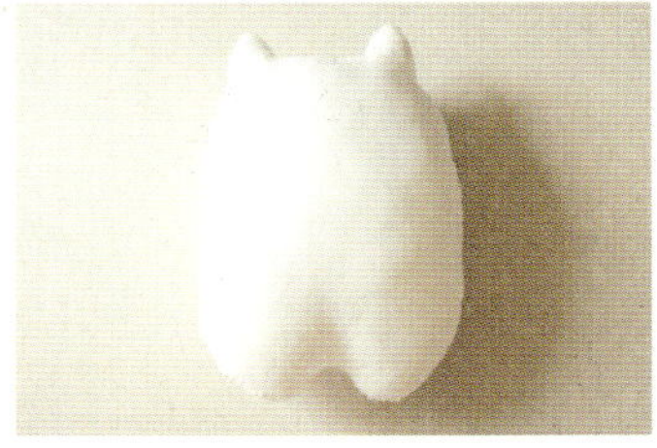

3: 창구멍 10cm를 남기고 완성선을 따라 박음질합니다. 뒤집어서 솜을 폭신하게 넣고 창구멍은 공그르기로 막아줍니다.

## 3 앞판 만들기

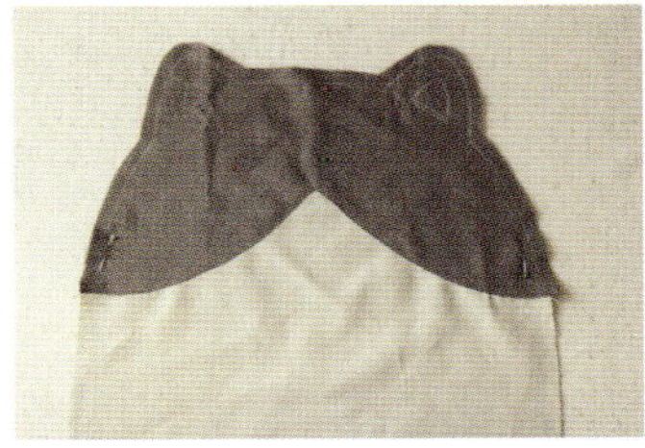



1: 앞판(베이직 리넨) 위에 얼굴 무늬 원단(갈색 리넨)을 겹쳐서 시침핀으로 고정하고 'ㅅ' 자 모양의 시접에 전체적으로 가위집을 내줍니다.

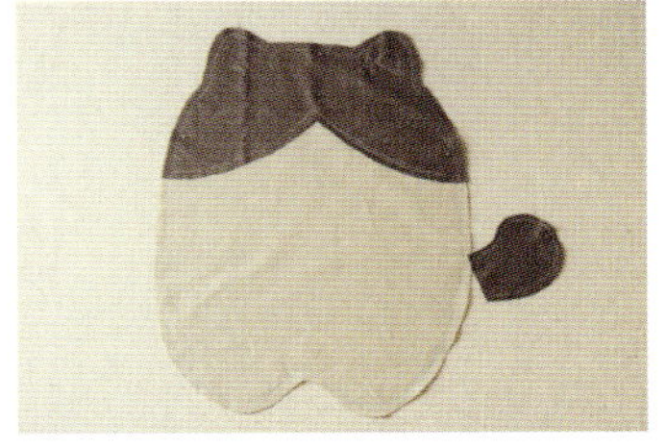

2: 꼬리는 앞판과 뒤판을 겉끼리 마주 보게 놓고 시침핀으로 고정합니다.

3: 'ㅅ' 자 모양의 시접을 안으로 접어 넣고 완성선에서 0.2cm 안쪽으로 박음질하여 고정합니다.

4: 꼬리는 완성선을 따라 박음질하고 곡선 부위에 가위집을 낸 다음 뒤집어서 솜을 채워줍니다.

## 4 스카프 만들기

1: 재단한 스카프 원단을 고정할 위치에 배치합니다. 작은 삼각형 원단(레드 코튼)을 스카프 기본 판(블루 코튼)에 올려놓고 시접을 안으로 접어 넣어 박음질합니다.

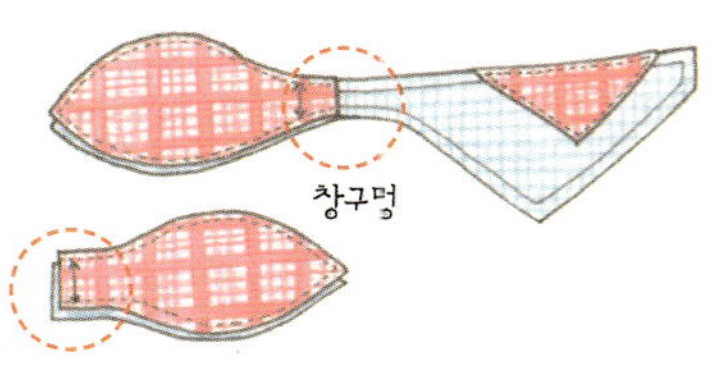


2: 스카프의 리본은 원단 2장을 겹쳐놓고 화살표가 표시된 곳을 창구멍으로 남겨놓고 완성선을 따라 박음질한 후 창구멍으로 뒤집어줍니다.

3: 큰 삼각형을 몸판에 시침핀으로 고정합니다. 이때 리본은 위아래로 고정시켜 삼각형 박음질에 방해되지 않도록 합니다.

4: 리본을 제외한 스카프 전체를 몸판 위에 박음질하여 고정합니다.

## 5 세부 표현하기

1: 눈과 귀는 시접을 안으로 접어 넣고 박음질하여 고정합니다. 코는 시접을 접어 넣어 공그르기로 고정하고 자수실을 이용해 입을 표현합니다.

2: 주머니의 시접을 안으로 접어 넣고 박음질로 몸판에 고정합니다.

## 6 뒤판 만들기

1: 뒤판의 위아래 지퍼를 연결할 부분에 시접을 2cm씩 접어줍니다.

2: 시침핀으로 지퍼를 고정하고 양옆을 박음질하여 달아줍니다.

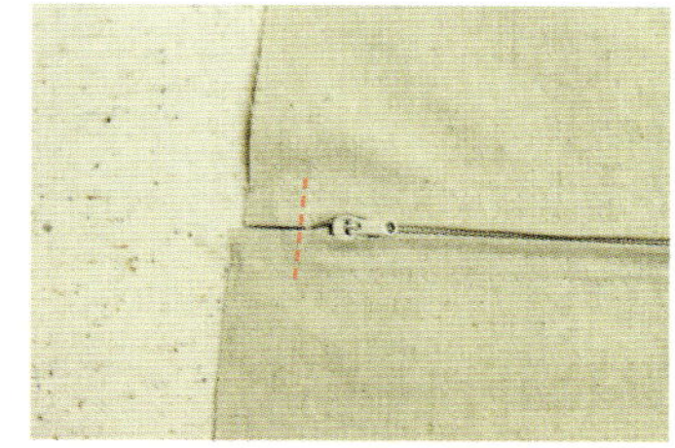

3: 지퍼의 시작과 끝부분을 세로로 박음질하여 지퍼 손잡이가 빠지지 않게 합니다.

## 7 앞판과 뒤판 연결하기

1: 앞판의 겉에 꼬리가 안쪽으로 향하게 배치하고 시접끼리 시침핀으로 고정한 후 박음질합니다. 리본은 완성선 박음질에 방해되지 않도록 미리 시침핀으로 고정해 둡니다.

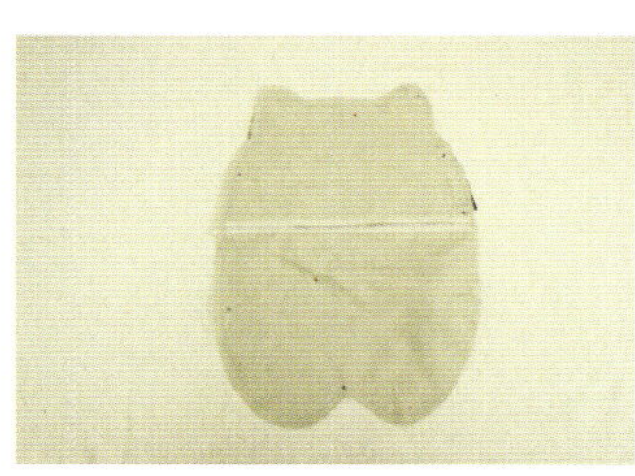

2: 앞판과 뒤판이 겉끼리 마주보게 포개서 시침핀으로 고정하고 완성선을 따라 박음질합니다. 이때 지퍼는 열어 둡니다.

3: 뒤집어서 준비해둔 속통을 넣어주고 스카프를 묶어 완성합니다.

# 목 쿠션

JUDY'S GARDEN
BABY POW
For Toilet & Nurse
LAVENDER & CHAMOMILE
WITH A LIGHT FRAGRANCE
ANTISEPTIC PERFUMED TALCUM
15 oz ( 425g )

고양이의 엉덩이와 발바닥, 꼬리를 단순화해서 만든 깜찍한 목 쿠션입니다. 냥이 엉덩이에 살짝 목을 기대면 하루 종일 쌓인 피로가 싹 풀릴 것만 같아요. 방 한구석에 놓아두면 어느새 고양이 차지가 되어버릴지도 모릅니다.

# 목 쿠션 만들기

**완성 사이즈** 가로 30×세로 38cm
**재료** 몸판 – 레드 스트라이프 워싱 코튼 32×30cm 1장, 아이보리 타올지 32×30cm 1장
꼬리 – 레드 스트라이프 워싱 코튼 14×12cm 1장, 아이보리 타올지 14×12cm 1장
발바닥 – 레드 워싱 리넨 20×10cm 1장
**부재료** 방울솜 500g, 자수실(빨간색), 라벨

## 1 재단하기

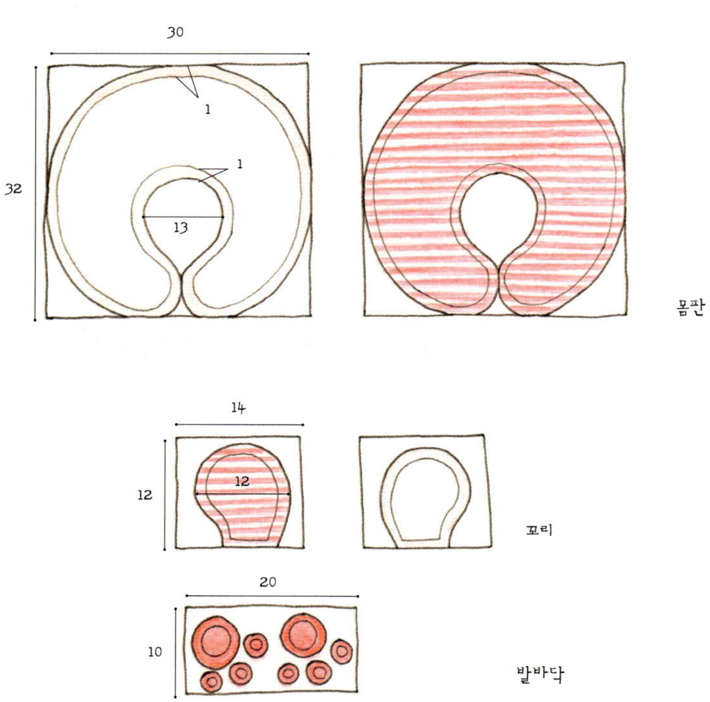


레드 스트라이프 코튼 원단과 타올지를 겉이 마주보게 포개어놓고 몸판과 꼬리 패턴을 따라 완성선을 그린 뒤 시접 1cm를 두고 재단합니다. 레드 워싱 리넨에 양쪽 발바닥을 그리고 시접 1cm를 남기고 재단합니다.

## 2 만들기

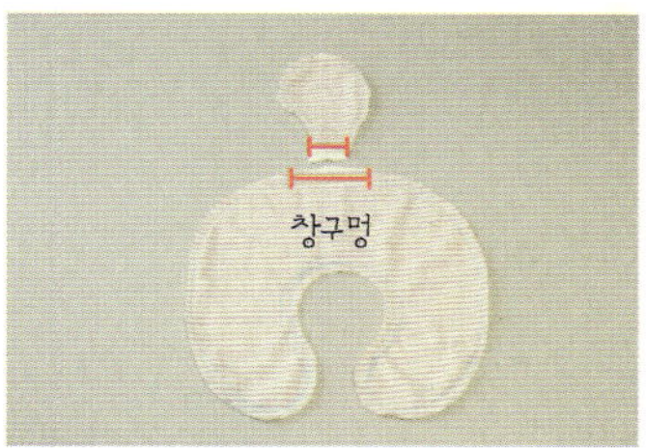


1: 앞판과 뒤판을 겉끼리 마주보게 놓고 꼬리가 달릴 부분에 창구멍 7cm를 남겨두고 완성선을 따라 박음질합니다.

2: 시접 전체에 가위집을 촘촘히 내고 창구멍으로 뒤집어줍니다.

3: 몸판과 꼬리의 창구멍으로 방울솜을 넣어주되 너무 딱딱해지지 않게 주의합니다.

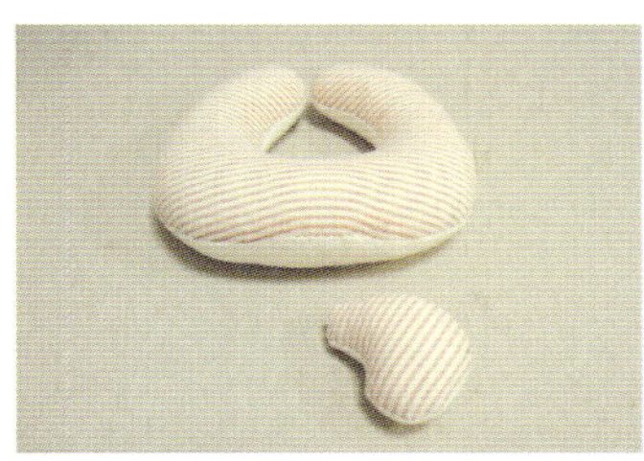

4: 몸판의 창구멍은 시접을 안으로 접어 넣고 공그르기로 막아줍니다.

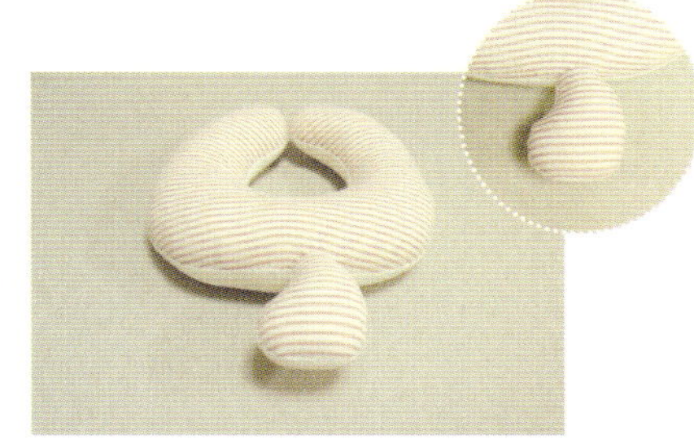

5: 꼬리의 창구멍 시접을 안으로 말아 넣고 몸판 창구멍 부위에 공그르기하여 연결합니다.

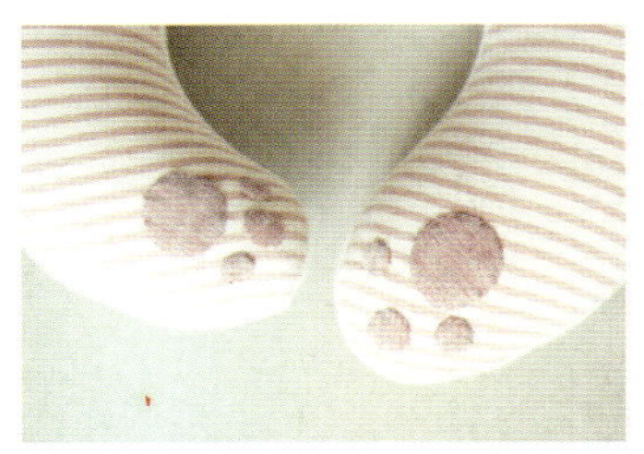

6: 크기가 다른 동그란 원단의 시접을 안으로 접어 넣고 공그르기로 부착하여 발바닥 모양을 만듭니다.

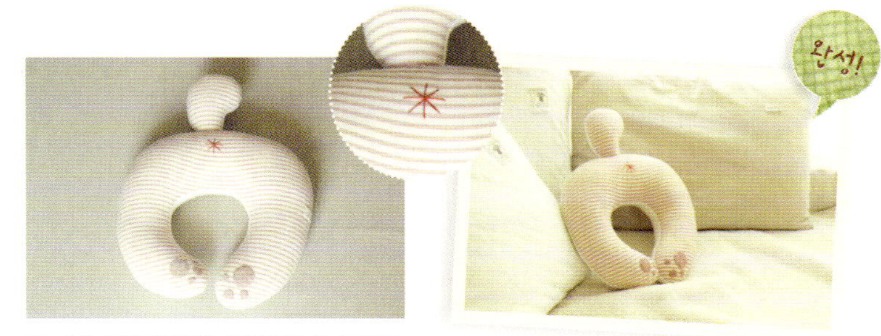


7: 자수실로 세부를 표현해주고 몸판과 꼬리의 연결 부위 사이로 매듭을 감춰 완성합니다.

키홀더

키홀더 안에 고양이 한 마리를 숨겨 놓아보아요. 고양이의 쫑긋거리는 귀와 살랑대는 꼬리를 연상시키는 가죽 장식이 달린 특별한 키홀더입니다. 열쇠를 꺼낼 때마다 고양이가 나를 반겨주는 기분이 들 거예요.

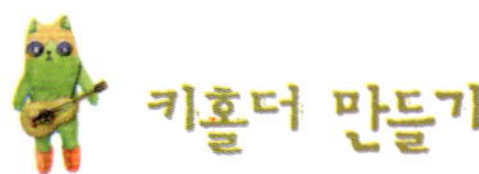

## 키홀더 만들기

**완성 사이즈** 가로 16×폭 5.5cm (꼬리 길이 포함)
**재료** 겉감 – 인조 가죽 원단 19×12cm 1장
안감 – 그린 도트 리넨 19×12cm 1장
귀, 꼬리 – 인조 가죽 원단 10×20cm 1장, 접착심지 17×10cm 1장
**부재료** D링 1개, 6구 키홀더, 아일렛, 아일렛 기구(구멍 펀치, 바닥 몰드, 누름쇠), 고무 망치, 면 라벨 1개, 가죽 라벨 1개, 똑딱 단추 2개, 리넨 테이프 5cm 2개

### 1 재단하기

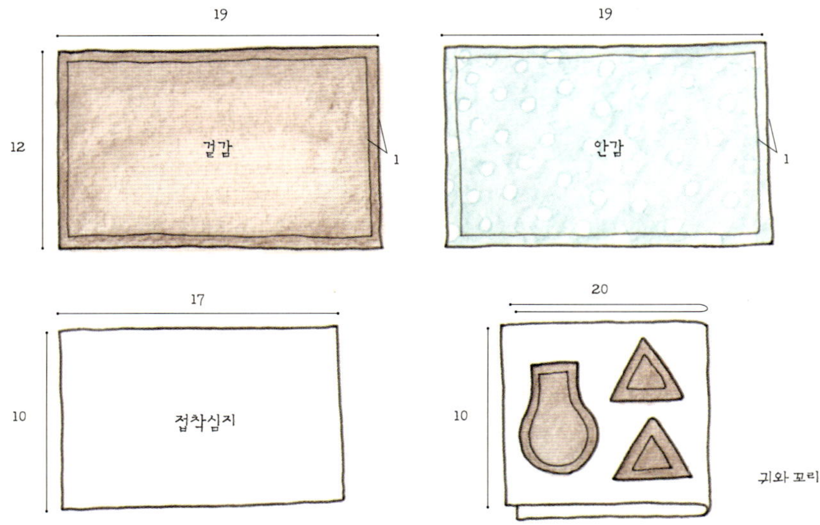


원단을 사이즈에 맞게 재단합니다. 꼬리와 귀는 인조 가죽 원단을 반으로 접어서 완성선을 그리고 재단합니다.

### 2 안감에 심지 붙이기

도트 무늬 리넨(안감)의 완성선에 맞춰 접착심지를 놓고 다림질하여 붙입니다.

## 3 귀와 꼬리 만들기

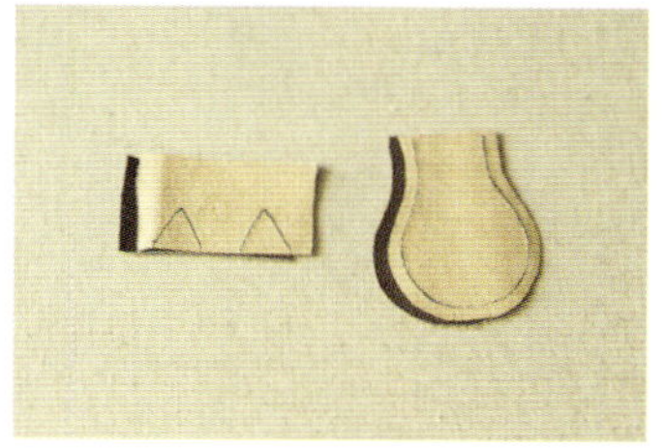

1: 재단한 귀와 꼬리는 창구멍을 제외하고 완성선을 따라 박음질한 후 뒤집어놓습니다.

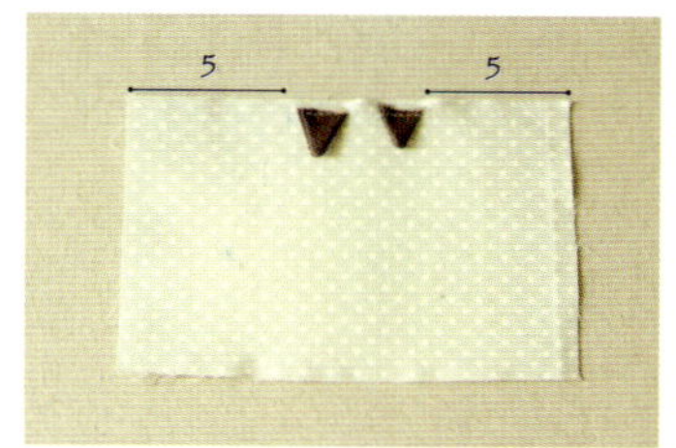


2: 안감의 가운데 지점에 귀 끝이 원단 안으로 향하게 놓고 박음질합니다.

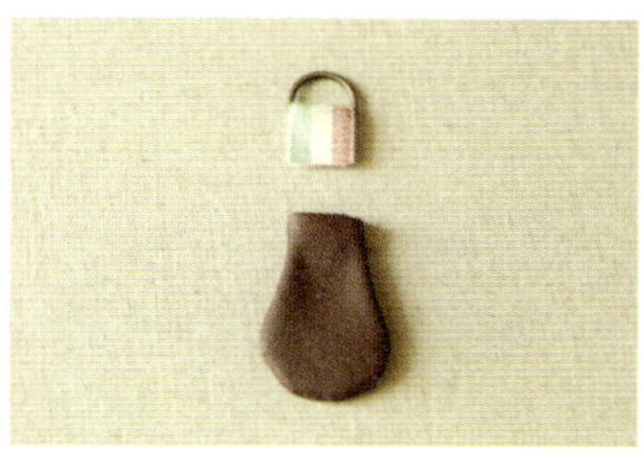

3: 리넨 테이프 5cm를 반으로 접어 D링에 끼웁니다. 꼬리의 창구멍 시접을 안으로 접어 넣고 리넨 테이프 끝을 넣어 박음질합니다.

4: 구멍 펀치로 꼬리의 둥그스름한 아랫부분에 구멍을 뚫어줍니다.

5: 아일렛 암놈과 수놈, 바닥 몰드, 누름쇠를 준비합니다.

6: 펀칭 보드 위에 바닥 몰드, 아일렛 암놈, 가죽 원단(꼬리 구멍), 아일렛 수놈, 누름쇠의 순으로 올려놓고 고무 망치로 두드려서 아일렛을 고정합니다.

7: 면 라벨을 안감 중앙에 시침핀으로 고정한 후 리넨 테이프를 꼬리의 D링에 걸어 라벨 아래로 끼우고 라벨 전체를 박음질합니다.

## 4 겉감 연결하기

1: 꼬리를 원단 안으로 접고 겉감을 안감 위에 포갭니다.

2: 아랫부분에 창구멍 7cm를 남기고 완성선을 따라 박음질합니다. 모서리는 사선으로 잘라 정리합니다.

3: 뒤집어서 창구멍을 공그르기로 막아줍니다.

4: 안감이 들뜨는 것을 방지하기 위해 완성선으로부터 0.3cm 안쪽을 박음질합니다.

## 5 키홀더 부착하기

1: 키홀더를 달아줄 위치를 표시합니다.

2: 표시한 곳에 구멍 펀치로 구멍을 뚫어줍니다.

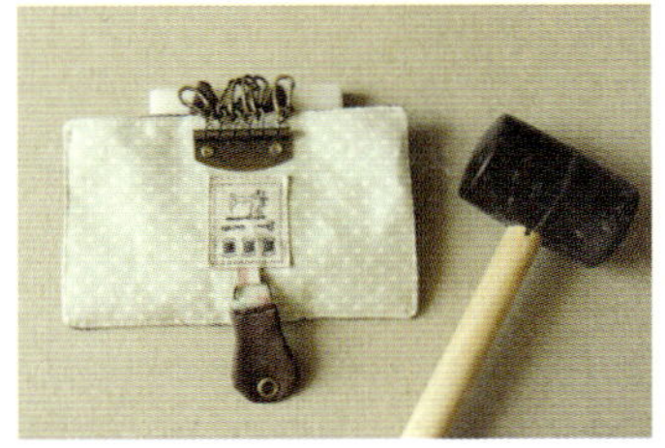

3: 키홀더 리벳(고정 단추)을 끼우고 고무 망치로 두드려서 고정합니다.

## 6 마무리하기

1: 키홀더를 3등분하여 접고 똑딱 단추 암놈과 수놈 2쌍을 달아줍니다.

2: 키홀더 앞면에 가죽 라벨을 달아 완성합니다.

나홀로 쌩쑈!!!

통장 지갑

달과 별이 반짝이는 밤하늘 아래 홀로 거니는 낭만 고양이를 수놓아 만든 통장 지갑입니다. 크기를 조절해서 카드 지갑이나 다이어리 커버, 수첩 커버로도 활용할 수 있습니다.

## 통장 지갑 만들기

**완성 사이즈** 가로 17×세로 11cm
**재료** 겉감 – 갈색 리넨 19×24cm 1장, 안감 – 블루 체크 코튼 19×24cm 1장
꽃이감 – 베이지 스트라이프 리넨 19×12cm 2장, 자투리 원단 15×7cm 1장, 접착심지 17×22cm 1장
**부재료** 통장 속지 1개, 레이스 토숀 50cm, 싸개 단추 1개, 스트링 끈 16cm, 자수실

### 1 재단하기

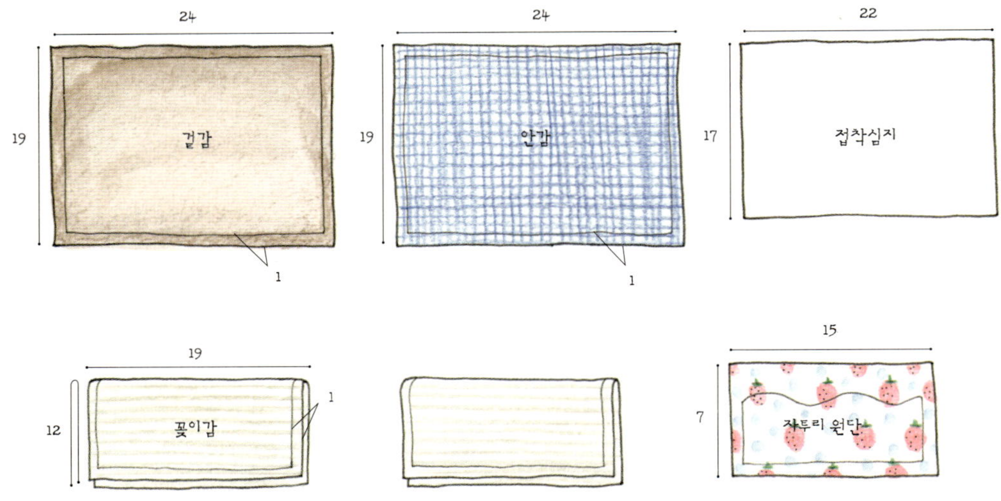


사이즈에 맞춰 겉감과 안감, 꽂이감, 접착심지 등을 재단합니다.

### 2 겉감에 심지 붙이기

갈색 리넨(겉감) 안쪽에 접착심지를 놓고 다림질하여 붙입니다.

### 3 겉감 장식하기

1: 겉감을 반으로 접고 완성선 안에 초크 펜슬로 11×6cm의 직사각형을 그립니다.

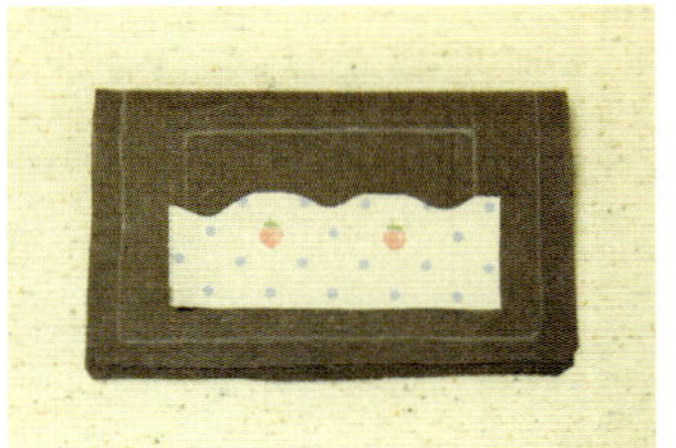

2: 물결 무늬로 재단한 자투리 원단의 시접을 안으로 접어 넣고 직사각형의 아랫부분에 공그르기로 고정합니다.

3: 직사각형의 완성선 위에 레이스 토숀을 홈질로 고정하여 테두리를 만들어 줍니다.

4: 자수실로 고양이, 달, 별 등을 수놓아 직사각형 내부를 장식해줍니다.

5: 잠금 장치로 이용될 스트링 끈을 반으로 접어 사진과 같이 놓고 박음질합니다.

## 4 겉감에 안감, 꽂이감 고정하기

1: 꽂이감을 반으로 접고 접은 선에서 0.5cm 안을 박음질합니다. 접은 부분이 안쪽을 향하게 하여 겉감 위에 배치합니다.

2: 겉감과 꽂이감 위로 안감을 올려 가장자리를 잘 맞춥니다.

3: 아랫부분에 8cm의 창구멍을 두고 완성선을 따라 박음질합니다. 네 모서리는 잘라서 정리합니다.

4: 창구멍으로 뒤집어 모양을 바로잡고 공그르기로 창구멍을 막아줍니다.

5: 테두리를 따라 0.3cm 안쪽을 박음질하여 안감과 겉감을 한번 더 고정합니다.

## 5 마무리하기

스트링 끈 길이에 맞춰 싸개 단추를 달고 통장 속지를 넣어 완성합니다.

룸슈즈

쌀쌀한 날씨에는 집 안에서도 맨발로 다니기 싫어지죠. 그럴 때 생각나는 실내 생활의 필수품 룸슈즈입니다. 몸을 웅크리고 잠든 고양이를 룸슈즈 양쪽에 수놓아 마음까지 따뜻해지는 느낌이예요.

## 룸슈즈 만들기

**완성 사이즈** 가로 11×세로 24cm

**재료** 겉감 몸판 – 블루 워싱 코튼 27×26cm 2장, 안감 몸판 – 갈색 리넨 27×26cm 2장

안감 바닥 – 스트라이프 코튼 26×13cm 2장, 겉감 바닥 – 미끄럼 방지 원단 26×13cm 2장

장식 – 인조 가죽 원단 13×12cm 2장, 연갈색 리넨 10×7cm

접착솜 (4온스) 몸판 – 25×24cm 2장, 바닥 – 11×25cm 2장

**부재료** 진주 구슬 적당량, 라벨 2개, 자수실

### 1 재단하기

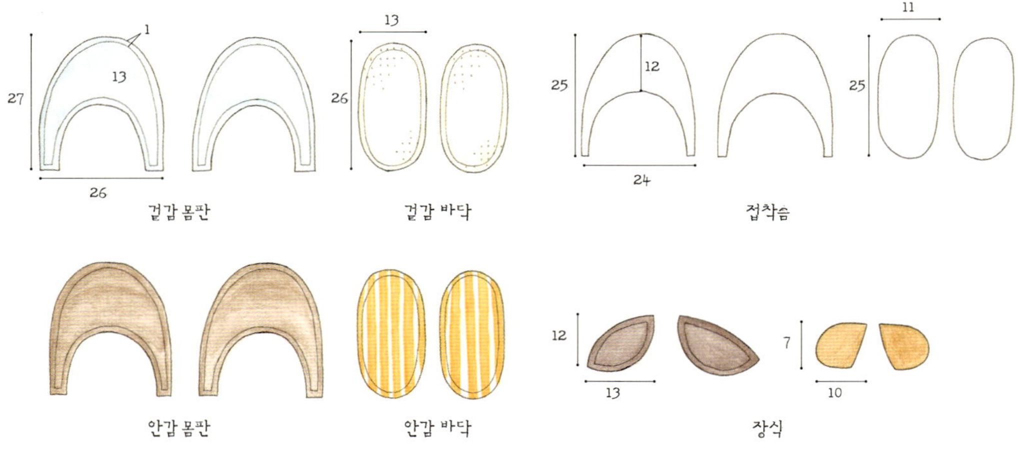


패턴을 따라 완성선을 그리고 시접 1cm를 두고 재단합니다. 사이즈는 프리사이즈로 최대 240mm입니다.

### 2 안감에 접착솜 붙이기

안감 몸판과 바닥 안쪽에 접착솜을 다림질하여 부착합니다.

### 3 겉감 만들기

1: 겉감 몸판의 겉에 인조 가죽을 배치하고 시접을 안으로 접어 넣어 박음질합니다.

2: 연갈색 리넨에 수 도안을 그리고 시접에 가위집을 줍니다. 시접을 안으로 접어 넣어 몸판에 공그르기하고 도안을 따라 스티치합니다.

## 4 몸판 만들기

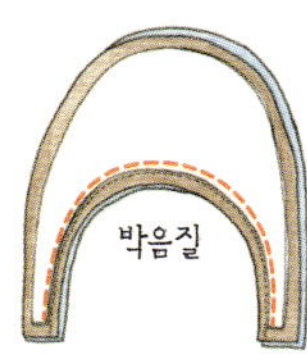


1: 안감 몸판과 겉감 몸판을 겉끼리 마주보게 포개고 발등 부분을 박음질하여 연결합니다.

2: 시접이 안으로 들어가게 뒤집어서 접어줍니다.

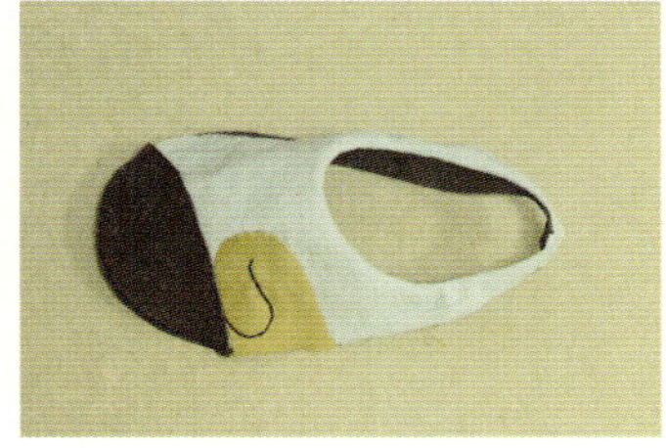

3: 발뒤꿈치 부분은 안감과 겉감을 일자로 펴서 좌우를 포개고 박음질하여 연결합니다.

4: 발바닥 둘레를 돌아가며 안감과 겉감을 함께 박음질합니다.

## 5 몸판에 바닥 연결하기

1: 안감 몸판이 겉으로 나오게 뒤집고 미끄럼 방지 원단의 겉면(오돌토돌한 면) 위에 시침핀으로 고정합니다.

2: 발바닥 전체를 완성선을 따라 박음질합니다.

3: 안감 바닥에 장식 라벨을 달아서 준비합니다.

4: 안감 몸판 위에 안감 바닥의 안쪽(접착솜 부착면)이 위를 향하게 포개서 시침핀으로 고정합니다. 발뒤꿈치에 창구멍 10cm를 남기고 박음질한 뒤 시접 0.5cm를 남기고 잘라냅니다.

5: 창구멍으로 뒤집고 공그르기로 막아줍니다. 발등은 진주 구슬로 장식합니다.

원형
파우치
SEWING, CRAFTING
Yards
MADE

화사한 쉐비 플라워 원단과 토숀 레이스를 사용해 사랑스러운 파우치입니다. 포인트는 앙증맞은 단추 고양이 인형! 색색의 실을 감은 보빈이나 바늘꽂이 등의 바느질 용품이나 액세서리를 보관하는 용도로 사용해보세요. 파우치 높이와 폭을 줄여 만들면 동전 지갑으로도 활용할 수 있습니다.

# 원형 파우치 만들기

**완성 사이즈** 가로 19×세로 17cm

**재료** 겉감 – 핑크 쉐비 로즈 리넨 20×20cm 2장, 핑크 쉐비 로즈 체크 리넨 62×7cm 2장, 6×12cm 1장
안감 – 블루 쉐비 로즈 리넨 20×20cm 2장, 블루 쉐비 로즈 체크 리넨 62×7cm 2장, 6×12cm 1장
겉감 접착솜(4온스) 18×18cm 2장, 60×5cm 2장, 안감 접착심지 18×18cm 2장, 60×5 2장,
가방 바닥 플라스틱 18×18cm 2장

**부재료** 토숀(폭 1cm) 50cm 2개, 가죽끈 15cm, 지퍼 60cm

## 1 재단하기

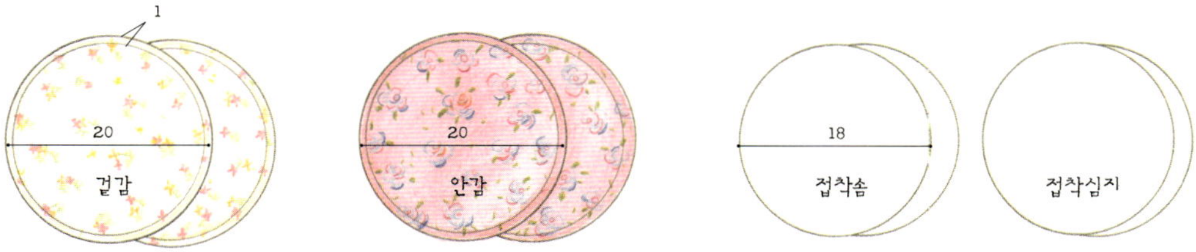

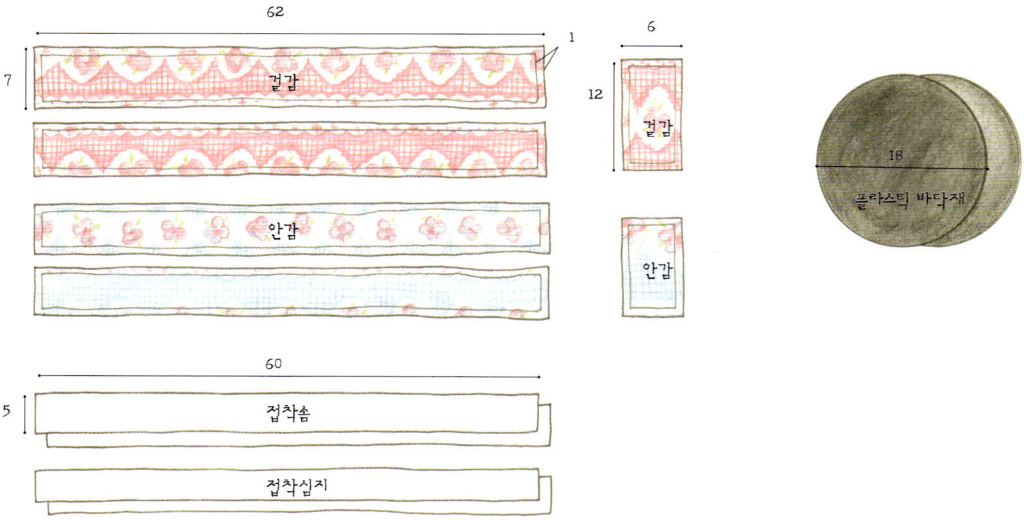

사이즈에 맞춰 겉감, 안감, 접착솜 등을 재단합니다. 시접은 1cm로 모두 동일하게 합니다.

**2 심지 붙이기**

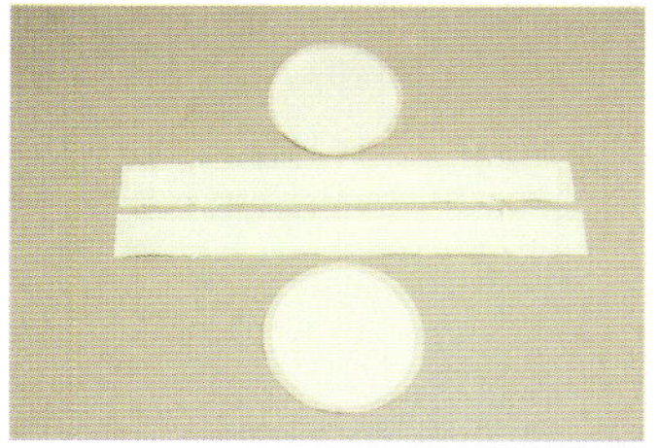

겉감 안쪽에 완성선을 따라 접착솜을 다림질하여 붙입니다. 안감 안쪽에는 접착심지를 다림질로 붙여 준비합니다.

**3 겉감 만들기**

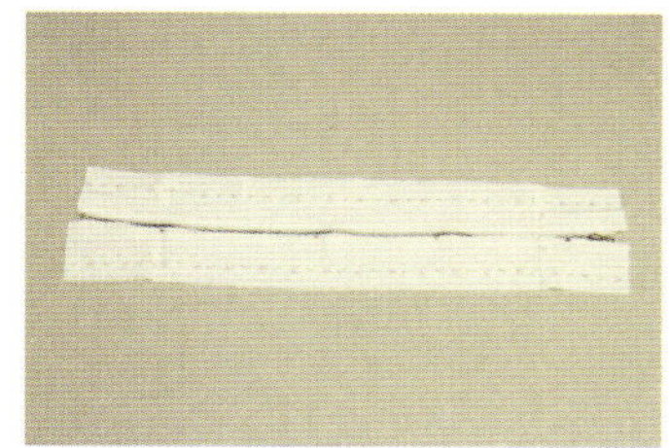

1: 겉감 옆판의 긴 면 시접을 1cm로 접어 지퍼 날개에 시침핀으로 고정합니다.

2: 박음질하여 원단 양쪽에 지퍼를 고정합니다.

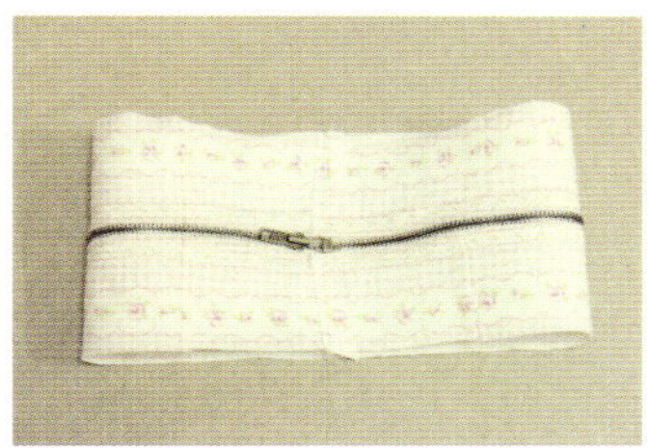

3: 옆판의 끝단이 1cm씩 겹치게 박음질하여 원통 모양으로 만듭니다.

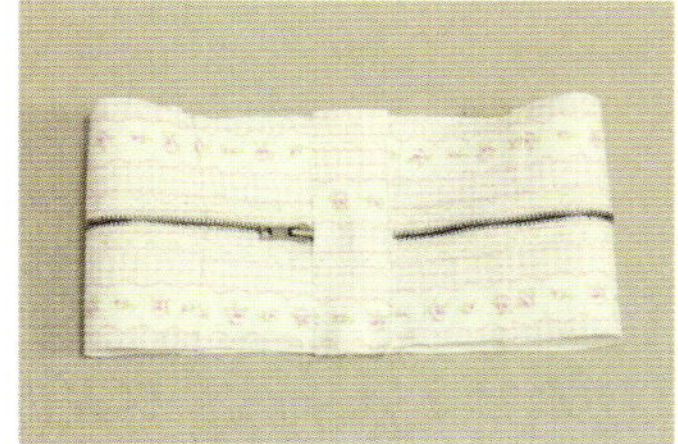

4: 옆판의 연결 부위는 6×12cm로 재단한 조각 원단으로 덮은 다음 시접을 안으로 접어 넣고 박음질하여 깔끔하게 만듭니다.

5: 원통을 뒤집어서 시접에 촘촘하게 가위집을 준 다음 둘레를 따라 겉감 윗판을 시침핀으로 고정하고 박음질합니다. 같은 방법으로 반대쪽에 겉감 아랫판을 고정합니다.

6: 박음질 후 0.5cm의 시접을 남기고 잘라낸 다음 뒤집어서 모양을 잡아줍니다.

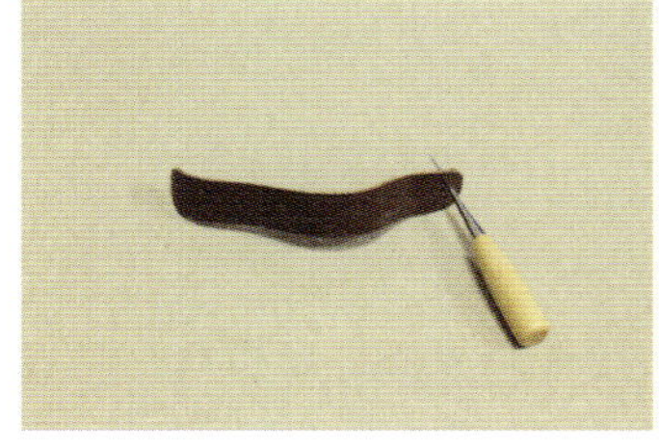

7: 가죽끈 끝을 둥글게 자르고 송곳으로 바느질 구멍을 뚫어줍니다.

8: 가죽 끈을 윗판에 바느질하여 고정합니다. 완성된 겉감 윗판과 아랫판에 미리 재단해놓은 플라스틱 바닥재를 넣어줍니다.

## 4 안감 만들기

1: 안감 옆판을 원통 모양으로 연결하고 가위집을 낸 다음 둘레를 따라 아랫판을 시침핀으로 고정합니다.

2: 완성선을 따라 박음질한 후 남은 시접은 잘라냅니다. 이렇게 안감 2개를 준비합니다.

## 5 안감과 겉감 연결하기

1: 겉감 안으로 안감을 넣어 연결 부위 위치를 잘 맞춰줍니다.

2: 안감의 시접을 안으로 접어 넣고 둘레를 박음질하여 겉감에 고정합니다.

3: 재단해둔 안감 조각 원단을 연결 부위에 홈질하여 깔끔하게 정리합니다.

## 6 고양이 인형 만들기

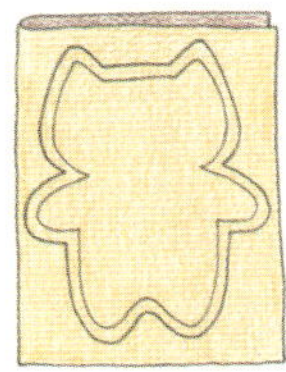

1: 완성선을 그린 뒤 시접 1cm를 주고 재단합니다.

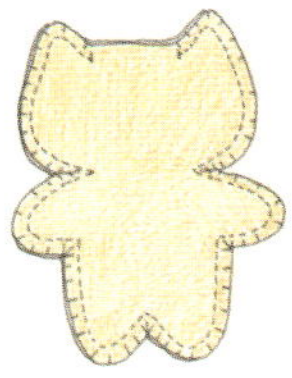

2: 머리 쪽을 창구멍으로 남겨 놓고 완성선을 따라 박음질한 후 가위집을 촘촘하게 줍니다.

3: 창구멍으로 뒤집어 모양을 잡아준 후 송곳 등을 이용해 방울솜을 꼼꼼히 채웁니다.

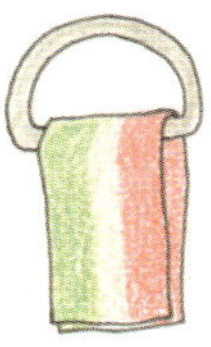

4: D링에 리넨 테이프를 걸어서 준비합니다.

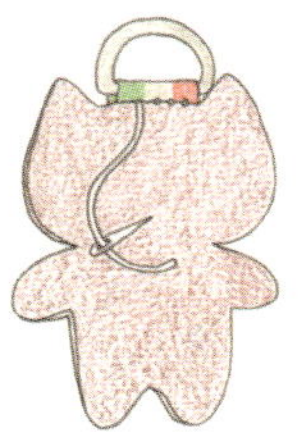

5: D링에 건 리넨 테이프 끝을 인형의 창구멍 사이로 넣고 공그르기해줍니다.

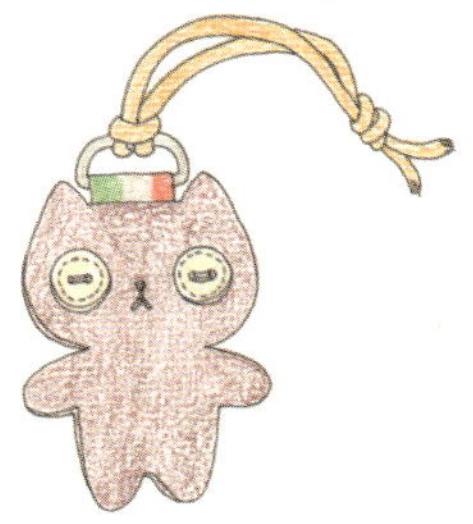

6: 작은 단추와 실로 눈, 코, 입을 표현하고 D링에 마끈을 걸어줍니다.

## 7 마무리하기

파우치 윗판을 토숀으로 장식하고 가죽 끈에 인형을 달아 완성합니다.

작은 크기의 고양이 인형은 좋아하는 색감과 재질의 원단으로 만들어 핸드폰 고리나 열쇠고리처럼 항상 가지고 다니는 소품으로 활용해도 좋습니다.

## 디카 파우치

WEEKLY SCHEDULE
A plan that gives a list of events or tasks and the times at which each one should happen or be done.
You can use schedule to refer to the time or way something is planned to be done.
MON
TUE
WED
THU
FRI
SAT
MOCO
10M

냥이의 사랑스러운 자태나 우스꽝스러운 표정을 놓치지 않고 순간 포착하려면 카메라를 한시도 떼어놓지 않아야 할 거예요. 폭신한 케이스를 만들어 냥이의 베스트 포즈가 담긴 소중한 카메라를 지켜주세요. 파우치 뚜껑에 고양이 모양 참 장식을 달아 한층 더 러블리하답니다.

## 디카 파우치 만들기

**완성 사이즈** 가로 12×세로 25cm (손잡이 포함)
**재료** 겉감 – 도트 무늬 리넨 13×16cm 1장, 안감 – 30수 플라워 코튼 13×16cm 1장
뚜껑 – 연청 해지 코튼 12×10cm 1장, 플라워 코튼 12×10cm 1장
접착솜(4온스) – 11×14cm 2장, 10×8cm 1장
**부재료** 파이핑 40cm, D링 2개, 리넨 테이프 5cm 2개, 고리 달린 가죽 핸들, 고양이 참, 라벨, 자석 여밈 단추

### 1 재단하기

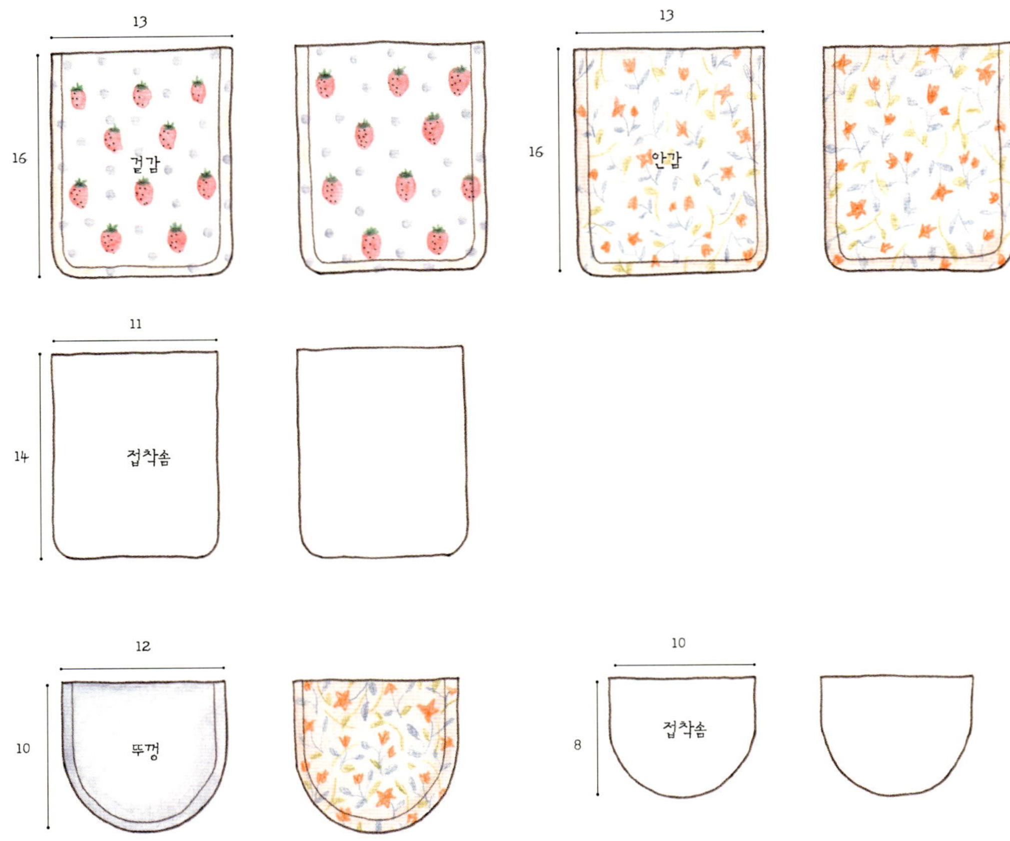


사이즈에 맞춰 겉감, 안감, 뚜껑, 접착솜을 재단합니다.
겉감, 안감의 아랫단 모서리는 살짝 둥글려줍니다.

## 2 겉감 만들기

1: 겉감의 완성선을 따라 파이핑 시접이 바깥을 향하게 놓고 시침핀으로 고정합니다. 곡선 부위는 가위집을 내줍니다.

2: 입구를 제외하고 세 면을 박음질합니다.

3: 파이핑이 고정된 겉감 위로 나머지 겉감 1장을 겉끼리 마주보게 겹칩니다.

4: 파이핑 둘레를 박음질합니다.

5: 입구를 통해 뒤집어서 모양을 잡아줍니다.

## 3 안감 만들기

1: 안감 2장을 겉끼리 마주보게 겹쳐놓습니다.

2: 완성선을 따라 박음질한 뒤 시접은 0.3cm만 남기고 잘라냅니다.

3: 접착솜을 안감 앞판, 뒤판에 다림질하여 고정합니다.

## 4 뚜껑 만들기

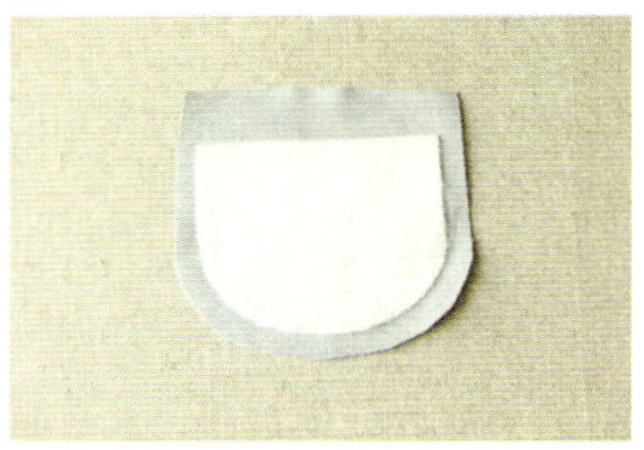

1: 재단된 뚜껑 겉감의 안쪽에 접착솜을 다림질하여 고정합니다.

2: 뚜껑 겉감과 안감이 겉끼리 마주보게 포갭니다.

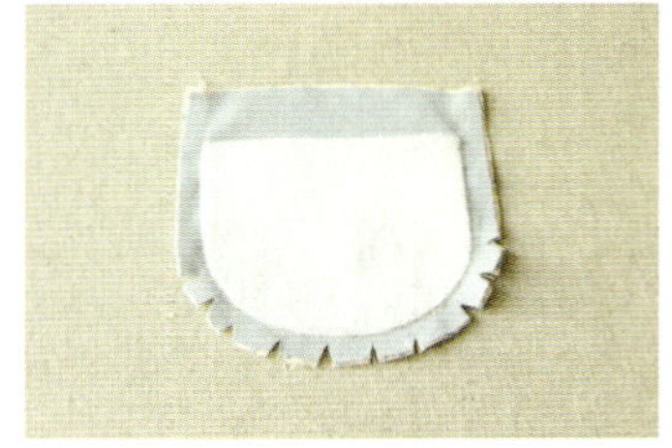

3: 완성선을 따라 박음질하고 곡선 부위에 가위집을 낸 다음 뒤집어줍니다.

## 5 연결하기

1: 겉감에 안감을 넣어줍니다.

2: 입구의 시접을 안으로 접어 넣고 겉감과 안감 사이에 뚜껑을 끼운 후 시침핀으로 고정합니다(3cm 깊이).

3: 리넨 테이프를 반으로 접어 D링에 끼운 뒤 양옆의 시접 사이에 넣어 시침핀으로 고정해놓습니다.

4: 촘촘하게 홈질하여 몸체와 뚜껑을 연결해줍니다.

## 6 마무리하기

1: 파우치 몸체와 뚜껑에 자석 여밈 단추를 달고 D링에 가죽 핸들을 달아줍니다.

2: 뚜껑 앞면에 스티치로 모양을 내고 고양이 참과 라벨 등을 달아 장식합니다.

## 순간 포착~

화면 안에서만 노는 하루

화면 밖으로 날라다니는 이틀

숨바꼭질

코오~

윙크

## 수 도안과 패턴

### 티매트 수 도안

CAT

## 냐추럴 쿠션 수 도안

2배 확대해서 사용하세요!

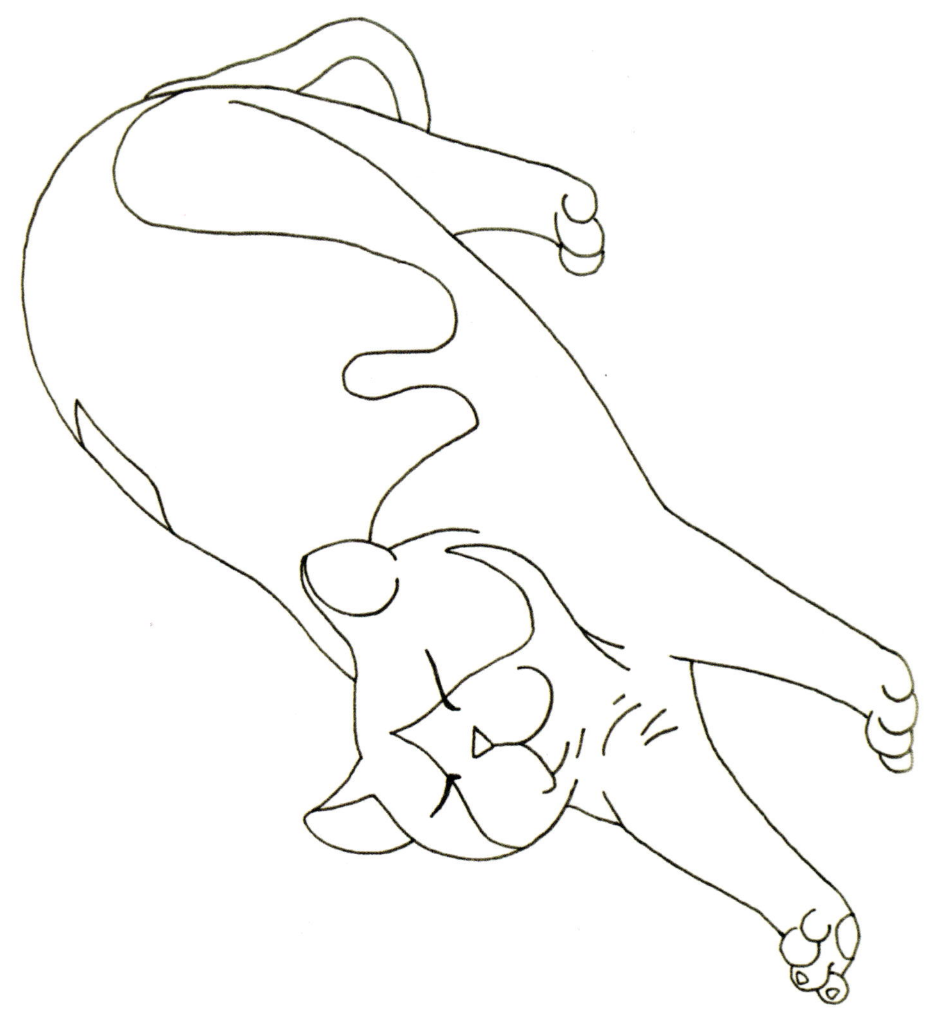

## 손목 쿠션 패턴

1.5배 확대해서 사용하세요!

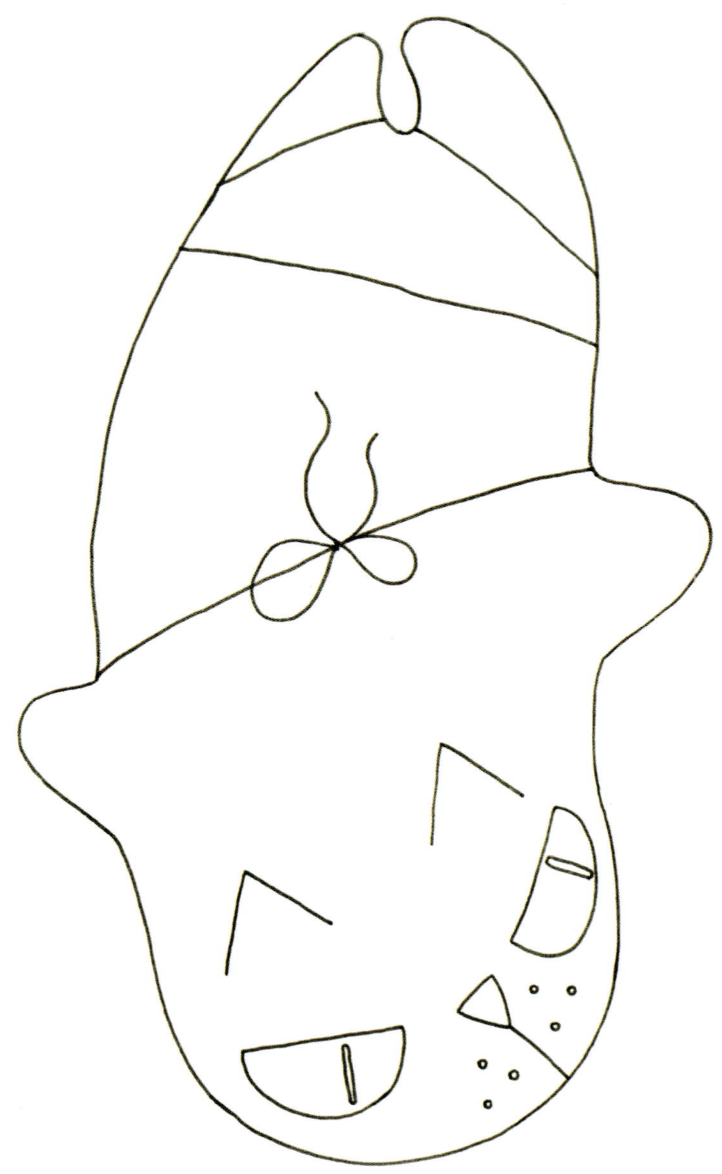

## 집사용 베개 패턴

5배 확대해서 사용하세요!

## 고양이 인형 패턴

2배 확대해서 사용하세요!

## 냥이 캐릭터 쿠션 패턴

4배 확대해서 사용하세요!

바이바이!